北京市教育委员会科技计划一般项目"我国创新型房地产经纪行业信息共享模式构建研究"（SQKM201610016014）资助

我国房地产经纪信息共享系统研究

刘建利 著

中国建筑工业出版社

图书在版编目（CIP）数据

我国房地产经纪信息共享系统研究/刘建利著. —北京：中国建筑工业出版社，2019.10
ISBN 978-7-112-24205-4

Ⅰ.①我… Ⅱ.①刘… Ⅲ.①房地产业—经纪人—信息资源—资源共享—研究—中国 Ⅳ.①F299.233.55

中国版本图书馆CIP数据核字（2019）第198250号

责任编辑：周方圆 封 毅
责任校对：赵 菲

我国房地产经纪信息共享系统研究
刘建利 著
*

中国建筑工业出版社出版、发行（北京海淀三里河路9号）
各地新华书店、建筑书店经销
北京建筑工业印刷厂制版
北京建筑工业印刷厂印刷
*

开本：787×960毫米 1/16 印张：8¼ 字数：122千字
2019年11月第一版 2019年11月第一次印刷
定价：**38.00**元
ISBN 978-7-112-24205-4
（34723）

版权所有 翻印必究
如有印装质量问题，可寄本社退换
（邮政编码 100037）

前 言

在我国快速发展的房地产经纪行业中,房地产经纪信息共享系统这个问题从20世纪末期便引起人们的关注。改革开放以来,我们不断地从国外学习和引入各种管理理念、技术和方法,很多理论、管理体系在我国落地生根,并与我国的实际相结合,对提升我国各行各业的技术和管理水平发挥了积极的作用,因此,无论寻求商机的企业还是力图加强行业管理的政府部门和行业协会,都热切地希望能把国外成熟的房地产经纪信息共享系统MLS引入我国,推动我国房地产经纪行业进一步规范高效地发展。然而,由于社会环境、消费习惯、法律制度等诸多因素的差异,我国引进MLS的种种努力均未修成正果,现实中多种冠以MLS之名的系统,实际上都未实现信息共享的本质,名不副实。

房地产经纪信息共享系统在我国经历了从无到有、再到企业内部信息共享体系完善的发展过程,但是迟迟无法实现跨企业的信息共享。直到2018年4月,贝壳找房平台终于破冰,在我国第一次实现了跨企业的房地产经纪信息共享,不同企业的经纪人员通过共享房源以及交易过程信息,实现环节分工和相互协作,快速协助委托客户完成交易。可以说贝壳找房平台是诞生于我国的新型房地产经纪信息共享系统,代表着网络时代下适合我国国情的创新型房地产经纪信息共享系统模式,与国外的MLS有显著区别。

贝壳找房平台在一年多的时间里迅速发展,截止到2019年7月底,业务已经扩展到98个城市和地区,覆盖2.3万家门店,超过23万经纪人员在使用贝壳平台。贝壳旗下加盟品牌"德祐"扩张至1万家门店,成为我国最大的特许经营型经纪机构;旗下直营品牌"链家"门店达7700家,是我国最大的直营型经纪机构;另外,平台还孵化或连接了180个新经纪品牌,门店达到4000多家。贝壳找房所带来的凌厉竞争攻势令传统的大型品牌经纪机构感到威胁,也将小型经纪机构推至选择的困境,老牌的房地产信息平台更是深感兵临城下。

贝壳找房平台的快速发展证实了房地产经纪信息共享所带来的强大竞争优势,但是这一新型的房地产经纪信息共享系统也引发了一些问题,包括平台自身发展不完善的问题,以及社会各方对它的正确认识问题,还有行业协会、政府相关管理部门对这种平台如何管理的问题。

总之,企业型经纪平台作为新型的房地产经纪信息共享系统,其出现和发展顺应了社会发展趋势,将会带动我国房地产经纪行业的升级,对于经纪行为的规范、行业效率的提升都有助益。对于这一新生事物我们应该以积极的心态迎接,并探索不断完善的对策。

2019年8月18日于密苏里州春田市

目　录

第一章　房地产经纪与房地产经纪信息共享系统
　　第一节　经纪与房地产经纪　　　　　　　　　　　　　　　001
　　第二节　房地产经纪的本质——信息服务　　　　　　　　　006
　　第三节　房地产经纪信息共享系统　　　　　　　　　　　　012

第二章　我国房地产经纪信息共享系统研究综述
　　第一节　我国房地产经纪信息共享系统研究概述　　　　　　018
　　第二节　关于房地产经纪信息共享系统与 MLS 的介绍　　　　019
　　第三节　关于我国引入 MLS 的研究与分析　　　　　　　　　024
　　第四节　关于我国房地产经纪信息共享系统现状与建设的研究　027

第三章　美国 MLS 介绍
　　第一节　MLS 及其功能　　　　　　　　　　　　　　　　　032
　　第二节　MLS 的运行前提　　　　　　　　　　　　　　　　037
　　第三节　MLS 的构成与管理　　　　　　　　　　　　　　　039
　　第四节　MLS 对房地产经纪行业产生的影响　　　　　　　　044

第四章　我国房地产经纪信息共享系统的发展
　　第一节　无信息系统时期　　　　　　　　　　　　　　　　048

第二节　内部信息管理系统初建时期　　049

　　第三节　MLS 引入探索时期　　050

　　第四节　房地产信息共享系统创新萌芽时期　　054

　　第五节　房地产信息共享平台创立时期　　058

第五章　我国房地产经纪行业引入 MLS 的条件分析

　　第一节　我国引入 MLS 的有利条件分析　　060

　　第二节　我国引入 MLS 的不利因素分析　　064

　　第三节　我国需要房地产经纪信息共享系统的创新模式　　071

第六章　我国创新型房地产经纪信息共享系统

　　第一节　贝壳找房平台的运作　　074

　　第二节　我国创新型房地产经纪信息共享平台与 MLS 的比较　　091

　　第三节　我国企业平台式房地产经纪信息共享系统对行业的影响　　098

附录

　　访谈一　　106

　　访谈二　　116

参考文献　　124

第一章 房地产经纪与房地产经纪信息共享系统

房地产经纪是一个古老的行业，在我国自北宋有明确文字记载以来，已有近千年历史。20 世纪 50 年代后，由于计划经济的全面推进，房地产经纪在我国销声匿迹，80 年代房地产经纪逐渐复苏，进入 21 世纪后房地产经纪行业蓬勃生长，并借助于网络的强劲助力更具活力。房地产经纪信息共享系统是房地产经纪行业发展到一定程度时出现的，通过企业间的信息共享实现分工合作，大大提升了房地产经纪行业的效率。目前，房地产经济信息共享系统已在多个国家得到广泛应用。

第一节 经纪与房地产经纪

在我国，经纪是一个起自东汉马市、延续两千多年的古老行业，目前在紧张繁忙的金融证券领域、在星光熠熠的文体行业、在广阔的农村田野，我们仍能看到经纪人活跃的身影。房地产经纪是经纪行业的一个分支。进入 21 世纪后，随着我国房地产行业快速发展，人们越来越多地参与到与房地产交易相关的活动中来，房地产经纪与人民生活的关系日益密切。

一、经纪的概念与活动方式

经纪是指自然人、法人和其他经济组织通过居间、代理、行纪等服务方式，促成委托人与他人的交易，并向委托人收取佣金的中介服务活动。并不是所有的商品服务交易都需要经纪活动，只有某些特殊的交易领域才需要经纪。在这些领域中，由于商品具有特殊性或存在某些障碍，使得交易困难，交易成本很高，而经纪通过专业化的服务，能够通畅信息、增加沟通、克服障碍、便利交易、降低成本，促进交易达成。

根据经纪人员和委托人的关系、经纪人员的行为方式的不同，通常把经纪活动分为居间、代理、行纪三种。

居间是指经纪人向委托人报告订立合同的机会或者提供订立合同的媒介服务，撮合交易成功并向委托人收取佣金的行为。居间是经纪活动最初的一种形式，在居间活动中，经纪人以自己的名义开展活动，向双方提供信息，并促成交易。居间的特点是经纪人员在撮合成功之前与委托人之间一般没有明确的法律关系。

代理是指经纪人受买方或者卖方的委托，以委托人的名义与第三方进行交易，并由委托人承担相应法律责任的经济行为。在代理活动中，代理人直接参与交易活动，以委托人的名义、按照委托人的要求行事，在委托权限内，代理人的行为结果由委托人承担。

行纪是指经纪人受委托人的委托，以自己的名义与第三方交易，并承担规定的法律责任的经济行为。行纪主要有两个特征：一是经委托人同意或双方事先约定，经纪人可以以低于（高于）委托人制定的价格买进（卖出）标的物，并因此增加报酬；二是除非委托人不同意，对有市场定价的商品，经纪人自己可以作为买受人或卖出人。除经纪人自己买受委托物的情况外，大多数情况下，经纪人在行纪中并不拥有交易标的物的所有权，即便是以自己的名义买卖商品，但仍然是依照委托人的委托进行的活动，因此，与自营有别。

二、经纪活动的作用

在经济运行过程中，经纪活动发挥着润滑剂和催化剂的作用，经纪活动通过信息整理、传播等活动降低交易障碍，通过居间和代理等活动加速交易进程，降低交易成本，提高资源配置效率。

经纪活动能够加快经济信息的传播速度并拓宽传播范围。信息是现代经济运行的中枢与命脉，在掌握全面信息的基础上，经济主体才能够实现资源的最佳配置，才能够在更广大的地域空间、产业范围和更宽阔长远的产业链条上组织生产和经营。但是经济主体自身受到资源、渠道或时间等约束，可能不具备搜集和处理大量信息的渠道和能力。经纪机构作为专业企业，有专业人员从广泛的途径获取、收集、处理、传播信息，并通过专业的解读分析出数据中隐藏的趋势、机遇、威胁等信息，为企业和各类经济主体提供更有价值的服务。

经纪活动能够降低商品流通成本。市场交易主体常常由于资讯不全面、不灵通，导致成交难、成交慢，降低了商品周转速度，提高了流通成本。经纪人员对交易双方的信息都比较了解，而且熟知市场行情，对交易形势有准确判断，善于把握双方心理促成交易，提高了市场成交率，而且缩短了交易时间，降低了商品流通成本。

经纪活动能够引导社会资源合理流动，实现社会资源优化配置。经纪活动通过畅通信息，便利沟通，将有关产品竞争力的分析和判断传递给相关企业和交易主体，为企业和交易者做出正确决策提供向导，引导商品流动的方向。在经纪活动中，由于经纪人和客户之间无连续性关系，经纪人员能依据公认的竞价原则为买卖双方促成交易。

三、房地产经纪及其活动方式

房地产经纪又称为"房地产经纪服务"，是指房地产经纪机构和房地产经纪人员为促成房地产交易，向委托人提供房地产居间、代理等服务并收取佣金的行为。房地产经纪的服务内容分为基本服务和延伸服务。基本服务包括向委托人提供相关交易信息、实地看房、代拟房地产交易合同、协助委托人与交易对象订立房地产交易合同等；延伸服务包括代办贷款、代办不动产登记等业务。

虽然经纪包含居间、代理和行纪三种方式，但行纪主要出现在普通商品的对外贸易和商品寄卖领域，并不适用于房地产经纪，因此，我国大陆地区房地产经纪的方式为居间和代理两种。

房地产居间是指房地产经纪机构和房地产经纪人员按照房地产经纪服务合同约定，向委托人报告订立房地产交易合同的机会或者提供订立房地产交易合同的媒介服务，并向委托人收取佣金的经纪行为。房地产居间业务的范围非常广泛，几乎涉及房地产交易的各种类型。在居间业务中，房地产经纪机构和经纪人员可以接受交易一方或同时接受交易双方的委托，向一方或双方委托人提供居间服务。无论是接受一方委托或接受双方委托，经纪机构和经纪人员在居间活动中始终是中间人，不能以任何一方的名义，也不能以自己的名义代替委托人签订交易合同。

房地产代理是指房地产经纪机构和经纪人员按照房地产经纪服务合同约定，以委托人的名义和第三方进行房地产交易，并向委托人收取佣金的经纪行为。在房地产代理业务中，房地产经纪机构只能接受一方委托人的委托事务，同时也只能向一方收取佣金，不存在双向代理。根据委托人在交易中的角色不同，房地产代理可以分为买方（包括承租方）代理和卖方（包括出租方）代理。相比于居间"一手托两家"不代表任何一方利益的模糊定位来说，房地产代理业务的法律关系清晰，在房地产市场较规范的发达国家市场中，房地产代理是房地产经纪的主流方式。

四、房地产经纪行业在我国的发展历史

我国最早关于房地产经纪的记载出现在《宋史》中，"典卖田宅增牙税钱"

的记载明确显示了房地产经纪活动的存在。元朝的《通制条格》卷十八《关市》中也记载了彼时已有大量房地产经纪人。明清时期,"房牙"一直都比较活跃,尤其是鸦片战争后,随着大量口岸的开通和租界的设立,许多外商在我国投资房地产,房地产经纪行业也随之兴盛。

20 世纪 20～30 年代,一些开发商大规模兴建高楼大厦,海外归侨也大力投资建房造屋,我国的房地产行业迅速发展。一些房地产开发商不愿直接经营零散的出租业务,于是把房屋委托给"二房东",由他们转租出去,这些"二房东"就是经纪人。由于业务较多,各地的房纤、黄牛、二房东、房虫等数量大增。这些形形色色的经纪人有些能诚实做事、合法经营,但也有相当数量的经纪人坑蒙拐骗、敲诈勒索,致使社会上对房地产经纪人的评价褒贬不一。

中华人民共和国成立初期,房地产经纪活动仍比较活跃。20 世纪 50 年代初,由于一些经纪人员哄抬房价,对交易双方索要高额费用、敲诈勒索,政府决定对房地产经纪予以取缔。1951 年 4 月,北京市人民政府发布公告"决定自布告之日起,取缔纤手即拉房纤的。今后不论广告社、服务社或其他店铺、个人均不得再有藉说合房屋为名,索取纤费或其他任何费用,违者定予以严惩。市民买卖或租赁房屋,或当事人双方自行洽商,或到本市房地产交易管理部门登记,由其代为介绍,均听当事人自便"。自此,市场上的民间房地产经纪人员被政府的房地产交易管理部门取代,从业人员中除少数品行优良的人被政府交易机构录用,余者均不再从事经纪活动。

20 世纪 50 年代中后期,我国开始实施计划经济,无论是生产用房还是城镇居民的居住用房,都采取实物分配,不再通过市场交易流通。少量房地产交易包括租赁活动均由交易双方自行寻找交易对象,谈判签约,交易完成后到房地产管理部门办理手续。

1978 年起,我国城市土地使用制度和住房制度有所松动,房地产市场逐步苏醒,开始出现了零星房屋买卖,政府明确规定交易活动由房地产管理部门统一管理,经纪人员不得参与交易活动。1988 年建设部、国家物价局、国家工商行政管理局发出了《关于加强房地产交易市场管理的通知》(建房〔1988〕

170号),指出"对一些在房地产交易活动中出现的尚存在争议的问题,如房地产经纪人员问题等,可以通过试点,从实践中摸索经验"。此后,房地产中介机构有了很大发展。但是在1991年的治理整顿中,房地产经纪机构大为削减。

1992年末,国务院发出了《关于发展房地产业若干问题的通知》(国发〔1992〕61号),要求"建立与房地产市场配套的服务体制,建立房地产交易的中介服务代理机构"。1993年10月,党的十四大确立了我国经济体制改革的目标是建立社会主义市场经济体制。1994年7月5日,全国人大常委会通过了《中华人民共和国城市房地产管理法》,该法的第56、57、58条对房地产中介服务机构做出了明确规定。

20世纪90年代末期,我国房地产业开始快速发展,房地产交易量迅猛增长,存量房市场日益活跃。随着城镇化水平和生活水平的提高,人们对房屋需求的数量、质量和类型都不断提高,市场呈现租售两旺的局面,对房地产经纪服务的需求不断增加。因此,房地产经纪行业也蓬勃发展。

第二节 房地产经纪的本质——信息服务

房地产经纪属于服务业,为交易双方提供信息、咨询、指导、指示、撮合、评估、代办等各类服务,其核心和本质是信息服务。

一、房地产经纪服务的内容

房地产经纪服务主要包括新建商品房和存量房的租售代理、居间,在不同的业务类型中提供的服务内容有所差异。

在**存量房买卖居间业务**中,房地产经纪提供的服务内容主要有:提供买卖信息,提供交易流程、交易风险、市场行情、交易政策咨询,实地查看和权属调查，信息发布和广告宣传，协助议价、撮合交易、订立房屋买卖合同等，如果客户有需要，还提供代办抵押贷款、交易资金监管、协助缴纳税费、产权过户等手续，协助交验房屋。

在**存量房租赁居间业务**中，房地产经纪提供的服务内容主要有：提供租赁信息，提供市场行情和相关政策咨询，实地查看和权属调查，信息发布和广告宣传，协助议价、撮合交易、订立房屋租赁合同等，代办房屋租赁合同备案手续、协助缴纳税费、协助交验房屋。

在**新建商品房销售代理业务**中，房地产经纪机构提供的服务内容主要有：市场调研，项目分析、竞品分析、客户定位等营销策划咨询，项目宣传及推广，承担商品房销售，协助商品房买卖合同的签订及房屋交验等。

在**存量房租赁代理业务**中，房地产经纪提供的服务内容主要有：市场行情和相关政策咨询，房地产实地查看和权属调查，信息发布和广告宣传，装饰装修和家具家电配备，代收代付租金，代办房屋租赁合同备案手续、代缴缴纳税费，交验房屋。

二、房地产经纪信息的内容

房地产经纪信息主要包括房源信息、客源信息、服务追踪信息等几大板块内容。

房源信息即经纪人搜集到的客户想要出租或出售房屋的相关信息，包含三方面：第一，房屋本身的信息，即位置、面积、价格、楼层、朝向、户型、配套设施、周边环境、物业收费及管理状况、建筑结构、建成年代等；第二，房屋权属信息，即房屋的产权状况（是否有不动产权证书、房屋是独有还是共有、是否已被查封、抵押或出租等）、委托人是否为合法的权属人或代理人、是否符合国家规定的出售或出租条件等；第三，卖方（售房者和出租者）的交易要求，包括要价、价格变动的可接受范围、具体成交方式和时限要求、对交易对象的特殊要求等。

客源信息是房地产购买或求租方的情况,包括需求者、需求意向和支付能力三方面。第一,需求者。需求者即买房或租房的客户,由于房屋多为家庭需要,因此需求者包含的往往是整个家庭,有多个意见参与者,但其中有核心决策人。此外,家庭的人口数量、人员结构、现有居住状况等都会对需求意向产生重大影响,因此,是客源信息的重要内容;第二,需求意向。需求意向是指需求者对所需产品的特征要求,包括需求用途,对房屋大小、户型、面积、价格、配套、物业等各方面的具体要求;第三,支付能力。支付能力是指需求者可以筹集到的用以支付房屋价款或租金的能力和数额,涉及首付能力、获得贷款或其他融资的期限和额度等。

服务追踪信息是经纪人员在为客户服务的过程中,对服务进度、客户要求、客户反应等的记录,用于经纪人员记录工作状况,相互沟通,也有利于经纪公司对经纪人员的工作进行帮助和检查监督。

上述房地产经纪信息中,有些是面向公众公开的,公众可以通过开放的途径任意查询,有些是针对特定人群开放的,比如交易过程的记录,只有经纪人员能够看到,有些信息则是保密的,比如在实行私盘制的房地产经纪机构中,房主的联系方式只能由获得房源信息的经纪人员掌握,其他人只能通过该经纪人员与房主沟通。

三、房地产经纪活动的本质——信息服务

所谓经纪,就是买卖双方之间的桥梁。桥梁的搭建基于对双方的召集和了解,因此,经纪人首先要搜集大量买方和卖方的信息,形成信息库,只有信息库数据达到一定规模,才有较高的概率找到合适的交易对象,因此,搜集足量信息是达成经纪服务的前提。其次,经纪活动的核心是交易双方的匹配,即富有效率地从信息库中搜寻出符合委托人要求的交易对象,向交易者进行推荐。在匹配环节中,关键在于能有效挖掘出最符合交易者意向的相对人特征,并推荐适量的交易对象。在早期的房地产经纪活动中,匹配效果主要取

决于经纪人员的经验和能力，而在现代经纪活动中，匹配效果取决于计算机系统设计的匹配原则和搜寻速度。经纪的第三个重要环节是撮合双方谈判，这取决于前期的匹配度和经纪人员的沟通技能。因此，从经纪活动的内容来看，经纪活动的效率、效益在很大程度上取决于信息搜集的数量和准确性、信息传达的及时性、信息匹配的契合性，这些决定了房地产经纪促成交易的成交量、成交率和成交速度。

换个角度来看，房地产交易由于商品特殊、手续复杂、交易过程长、风险大，而且由于交易频率低导致交易双方难以积累交易经验等原因，交易成本居高不下，才需要借助于房地产经纪强大而专业的信息处理能力，达到节约交易成本的目的，且交易双方愿意为此付费。在房地产市场上，尤其是存量房交易中，买卖双方绝大部分是个体，靠一己之力搜集交易信息、挑选谈判对象比较费力，同时缺乏知识、方法和手段去辨别信息的真伪；在交易过程中，涉及解押、协商合同条款、规避交易风险等问题；在交易后涉及按揭、过户、交房等重要环节，由于缺乏相关知识和交易经验，交易双方更是离不开经纪机构的帮助。因此，大多数交易者愿意从房地产经纪机构的数据库中查询信息，并获得经纪人员的专业咨询和帮助，以节约时间和精力，并降低交易风险。

因此，房地产经纪行业属于第三产业中的信息服务业，服务质量的高低取决于为交易者提供信息的数量、及时性、准确性、全面性、适用性，这是经纪服务的基础，在此基础上，辅以经纪人员的营销、沟通、撮合和个性化服务，最终实现交易。

四、房地产经纪提供的信息产品特性

房地产经纪作为信息服务行业，提供的是信息产品，信息产品是指在信息化社会中产生的以传播信息为目的的服务性产品。信息产品和其他劳动产品一样，凝结着人类的劳动。

（一）信息产品的属性

1. 信息产品的主要成分是信息

信息产品是对未经加工的信息资源进行加工，或对已加工的信息资源进行再加工而形成的产品，是开发信息资源的结果。信息产品以信息为原料，并在其生产过程中加入了人们的信息劳动，这使得信息产品中包含着很多资讯，可以说，信息是构成信息产品的主要成分。虽然物质产品中也含有信息，但形成物质产品的原材料是物质，其产出物也是以物质成分为主。以信息为其生产过程的起点和终点是信息产品的一个重要的本质属性。房地产经纪服务中，经纪公司本身并不租售房屋，而是搜集、加工委托人的房屋信息以及买卖双方的交易信息，是对信息的加工、整理、传播。

2. 信息产品是信息劳动的结晶

一方面，信息产品必须是劳动的产物，没有经过劳动加工，其中没有凝结人类劳动的信息资源不是信息产品，这是信息产品区别于一般信息的重要标志；另一方面，信息产品还须是以信息劳动为主而形成的产品。信息劳动是由知识进步所引起的、为满足人类发展需要的一种智力集约化劳动。在信息产品生产和提供过程中，智力占有相当大的比例。对于房地产经纪而言，其所提供的房源客源信息，都是经纪人员加工后的信息，其中包含着经纪人员的劳动，同时，在如何传播信息、如何向客户呈现信息、如何撮合交易方面，更是体现了经纪人员的智力水平，这种智力中既包含知识水平，更主要的是情商和沟通能力。

3. 信息产品以满足人们的信息需求为主

信息需求是人们在工作、生产和生活中对信息、知识和情报等的需求；信息需求的目的是为了满足人们在精神方面或物质方面的需求。信息产品就是人们生产出来满足人们信息需求的产品，既可以用来直接满足人们的精神需要，也可以用于物质产品的生产和信息产品的生产中，从而生产出质量更高、性能更好的物质产品和信息产品，间接地改善人们的物质生活和丰富人们的精神生活。房地产经纪所提供的信息产品可以帮助人们减少房地产交易中的信息不对称、获知和把握交易机会、节约交易时间等。

（二）信息产品的分类

1. 按照信息加工程度分

按照生产者对信息产品中信息内容的加工深度不同，信息产品可分为零次信息产品、一次信息产品、二次信息产品和三次信息产品。

零次信息产品是指只有信息的搜集而未经加工的信息产品，是信息产品中最初级的产品形态；**一次信息产品**是经过科学研究而得到的信息产品，如论文、专著等；**二次信息产品**是对一次信息产品进行浓缩、编排而形成的信息产品，如书目、文摘、索引等；**三次信息产品**是在利用二次信息产品的基础上，对一、二次信息产品进行综合、浓缩加工而成的信息产品，如综述、述评等。房地产经纪服务提供的信息产品包括零次、一次、二次信息产品等，比如通过与客户交谈以及实地勘查等搜集而来的信息属于零次信息产品，经纪机构通过数据分析得到的行业报告、房屋市场趋势分析等属于一次信息产品，对房源信息、客源信息、各种房地产行业研究成果信息形成数据库，同时依照各种特征做出索引，方便客户查询等，这属于三次信息产品。

2. 按照劳动特征分

根据劳动特征不同，可以将信息产品划分为以下几个类型：①物质型信息产品，是指将同一信息内容和信息量重复翻印而得到的信息产品，此类信息产品类似于物质产品生产，故称之为物质型信息产品，如书刊、音像制品等。②扩张型信息产品，即不断拓宽其信息内容和范围并且增加其信息含量的信息产品，如二次信息产品、数据库等。③深化型信息产品，是对同一内容不断深入加工并且增加其信息量的信息产品，如研究报告、学术论著等。④特殊型信息产品，是指信息内容随载体的变化而变化的信息产品。房地产经纪服务所提供的信息产品大多属于扩张型信息产品和深化型信息产品。

（三）网络信息产品

当社会发展到网络时代，房地产经纪服务信息又发展出网络信息产品的新属性。网络产品是以网络为载体的信息商品，这些产品可以用专门网站提供的搜索引擎来查找，继而消费。各大经纪服务公司以及一些专门的平台公司都致力于开发网站或APP，希望充分利用互联网，将房地产的信息服务转化成网络信息产品。

网络信息产品不但具有一般信息产品的内在特征，它还有一些独特之处：①即时性。一旦网络信息产品的生产者在网上推出产品，购买者或使用者可以在同一时刻即时得到它。②低成本性。由于从网上下载、浏览、消费信息产品，消费者无须支付信息产品的载体（如磁带、光盘等）费用，因此花费成本更低，甚至可以免费使用。③易被知性。网络信息产品除通过各种广告和其他媒体的宣传外，更主要的是与搜索引擎连接，直接通过关键词检索得到，这比在传统信息传播环境下像大海捞针一样去搜寻信息，效率大为提高。④充分共享性。在网络背景下，信息的共享性被进一步放大到极致。信息生产商将加工的信息产品存储在数据库中，可以供成千上万的浏览者在同一时间调用，这种大量用户同时享用同一产品的情形只有在互联网上才能进行。⑤可追溯性。网络信息产品可以沿时间轴追溯之前发布过的所有信息，这对于过程记录非常重要。

第三节　房地产经纪信息共享系统

房地产经纪信息共享系统是房地产经纪行业发展到一定阶段的产物，迄今为止，房地产经纪信息共享系统大体出现了三个层次的共享模式：企业内共享、行业内共享、经纪机构与客户共享。这三个层次的共享模式是在房地产经纪行业成长过程中逐步出现的，但三个层次不是后者替代前者的关系，而是后者包容前者，后者是在前者的基础上的扩充和发展。

一、房地产经纪信息共享系统的含义

房地产经纪信息共享是指在房地产经纪人之间、房地产经纪机构之间、房地产交易者与房地产经纪人和经纪机构之间，就有关房源信息、客源信息实现全部或部分公开，由相关人员共同获知并使用，提高信息使用效率，同时在参与主体之间依照某种规则各自获得相应的利益。

房地产经纪服务提供的是信息产品，信息产品的一个重要特征是共享性，这是信息产品不同于物质产品和其他服务产品的根本属性。共享对于信息产品本身无损，如果能低成本地在最大范围内共享信息，也就意味着信息产品的效用可以得到最大化。

信息共享本身不产生损耗，但是实现信息共享需要信息传播载体，建设载体需要投入成本。同时，虽然信息共享不损耗信息产品，但是信息产品有所有权归属，非所有权主体利用信息产品所产生的收益应该归信息产品所有权人或其授权人得到。房源信息、客源信息等是房地产经纪行业赖以获取收益的主要资源。因此，不可能在无限范围内共享，由于涉及信息产品的收益问题，还和信息产品的权属以及收益如何在共享主体之间分配密切相关。

二、房地产经纪信息共享系统的层次

当前，在房地产经纪行业中，存在着三个层次的信息共享：**一是房地产经纪机构内部的信息共享**，包含总部与分部、分店之间的共享，以及同一店铺或同一区域的经纪人员之间的信息共享；**二是房地产经纪机构之间的信息共享**，是指在达成某种协议的经纪机构之间分享全部或部分房源和交易信息；**三是进行信息查询、咨询的用户和房地产经纪信息发布者之间的信息共享**。

用户可以通过房地产经纪机构提供的渠道或入口查询部分房地产经纪机构发布的信息,以便进一步深入了解或者搜寻适合自己的交易客体,抑或寻求经纪机构的一些帮助。

(一)房地产经纪机构内部的信息共享系统

房地产经纪机构内部的信息共享系统是指在房地产经纪机构内部出于统一管理、扩大交易量等目的而建立的信息共享系统。这是一种类似于ERP系统的管理系统,通过在各部门、各分店、各层次之间可以共享的标准化的表格填写、提交、传输、审批、查阅等功能,使得各部门的工作得以顺利推进,相当于全公司的信息传输体系。当前,21世纪不动产作为世界上最大的房地产经纪机构之一,内部有一整套专用软件构建信息共享。比如,Realty Express是房源管理应用软件;Grain office是为房地产经纪人员编写的应用软件,用于展示房源信息;Tower是面向新楼盘销售业务的管理软件;Sales Information是专门用于存量房租售的商务软件。这些软件系统在21世纪不动产遍布全球的各个分支机构采用,生成口径统一的标准化的数字和文本。在21世纪不动产公司范围内,或者在公司授权的部分范围内可以实现信息共享,大大提高了工作效率。为了提升管理效率,当前我国一些大型房地产经纪机构也聘请国际知名软件公司专门为其开发了适用于本公司的内部管理软件,比如链家公司花5000万元引进IBM咨询团队,全面借力IBM的管理经验和分析能力,首先制定了战略规划、管理流程等,同时使用了IBM为其量身打造的信息管理系统,构建了高效的内部管理和客户服务平台。

除了管理信息系统外,一些经纪机构在企业内部实施了房源信息共享或部分共享。在房地产经纪企业中可以根据房源信息共享的方式不同,将其划分为私盘制和公盘制。

私盘制是指房源信息由接受委托的房地产经纪人员录入和维护的房源信息共享模式。在这种模式下,房源信息在公司内部公开,但是其中的关键信息——业主的联系方式,只有接受委托的房地产经纪人员掌握,其他房地产经纪人员可以看到房源的基本情况，并向客户推荐房源，如果需要与业主取得联系，则必须通过接受房源委托的经纪人员。交易达成后，佣金在促成交易的房地产经纪人员和接受房源委托的房地产经纪人员之间进行分配。私盘制的优点是对卖方或出租方的隐私保护程度高，客户只与房源委托经纪人员联系，受到的打扰较少，服务体验质量较高；缺点是交易中需要接受房源委托的经纪人员和推销房屋的经纪人员相互配合，有可能降低工作效率。

公盘制是指在一个房地产经纪机构内部，或者在房地产经纪机构的一定区域范围内的各个分支机构、各个门店之间，共享全部房源的信息共享模式。在这种模式下，无论哪位房地产经纪人员接受房源委托，有关房源的全部信息，包括房主的联系方式，都可以被共享区域内的所有房地产经纪人员查看，所有经纪人员均可参与房源推销，谁最先成功促成交易双方签订交易合同，就可以获得全部或者大部分佣金。公盘制的优点是同时参与推销的经纪人员多，工作效率高，成交速度快；缺点是多个经纪人员可能频繁打扰卖方客户，降低客户服务体验，同时，搜集到房源的经纪人可能因为得到的收益少而降低工作积极性。公盘制要求房地产经纪机构有较好的人员管控能力、成熟的分佣体系和完善的信息系统。这种方式更适用于房源信息丰富而销售难度较大的买方市场。

目前，国内大多数房地产经纪机构采用的是**改良式公盘制**，在一定程度上融合了公盘制和私盘制的优点。房地产经纪机构将整个经纪服务过程划分为多个环节，每个环节给予一定的工作量赋值，其中获得房源信息和促成交易两个重头环节赋值较高，其余各环节依据工作量和工作难度的大小分别赋予相应的工作价值量。每当一个交易完成，从事各个环节的经纪人员依据工作价值的相应比重，或者每一分值代表的金额，进行佣金分配。这样使全部房源信息在公司内部得到充分传播，大家在销售中既有竞争又有合作，搜集房源的积极性也能得到保证，但是对房主打扰较多的问题尚未得到解决。

（二）房地产经纪机构间的信息共享系统

房地产经纪机构间的信息共享系统是两个以上的房地产经纪机构缔结联

盟或者房地产经纪机构加入现存的房地产经纪信息共享系统中，所有的系统成员单位的经纪人员在获得独家委托房源信息后，将房源信息通过共享系统发布，全体加入该系统的成员都可以看到除了房主联系方式以外的全部信息，并展开推送和营销活动，寻找交易对象，最先促成交易的经纪人员和接受房源委托的挂盘经纪人员分享佣金。因此，房地产经纪机构间的信息共享系统可以被看成是突破了单个房地产经纪机构组织边界的公盘制，也可以看成是多个房地产经纪机构形成的一个大型平台，这个平台越有效，吸引到的用户和交易者就越多，继而会进一步提升信息共享系统的有效性。

建立房地产经纪机构内部的信息共享系统的主要目的是为了便于管理，提高企业内的管理效率，而建立房地产经纪机构之间的信息共享系统的主要目的在于提高某一区域内整个房地产经纪行业运行效率。房地产经纪机构间的信息共享是对加入系统的各个机构的房源信息和部分交易信息共享，其他的经营信息则属于商业秘密并不在共享的范围内。目前，世界上最成熟、应用最为广泛的房地产经纪机构之间的信息共享系统是MLS，自其20世纪30年代在美国诞生以来，已经被应用到十几个国家和地区。

（三）房地产经纪机构与客户之间的信息共享系统

在互联网普及之前，房地产经纪机构和客户之间的信息沟通是非常有限的，只有当客户有交易需求，且寻求房地产经纪人员的帮助时，才能得到一些经纪人员提供的与客户需求相匹配的信息，房源信息更是被限制在卖方和经纪机构中，寻求房源信息的客户只能通过经纪人员才能获得待售或待租房屋的信息，在选择范围和对象上严重受限于自己的信息传达和经纪机构的房源储备以及经纪人员的经验判断及热心程度。互联网的普及使得网络成为各类信息最广阔的聚集地和最有效的传播途径，经纪机构希望广泛利用互联网实现高效信息传播，客户们希望能自主地从信息丰富的互联网上方便快捷地搜寻和选择中意的交易目标。于是，房地产经纪机构将房源信息数据库部分对外开放，客户登录后，可以按照关键词抓取出适合需要的房屋。但是客户只能看到部分房屋信息，看不到房主的联系方式和房源的具体位置，如果客户有继续了解的意向，可以和发布房源的房地产经纪人员联系。

互联网对于房地产经纪机构来说，是一把双刃剑。一方面，扩大了业务信息的传播范围，提高了信息传播效率；另一方面，使得客户在信息获取和交易双方沟通上日益便宜，在某种程度上，互联网打破了房地产经纪机构对房地产交易信息的垄断，提高了客户自行交易的可能性。

第二章 我国房地产经纪信息共享系统研究综述

从20世纪90年代末我国房地产经纪行业步入快速发展的轨道，房地产经纪行业信息共享问题开始引起业界和学界的关注。20多年来，业界始终保持着对这一问题的关注，但是关注的热度并不高，关注的核心点也随着房地产经纪行业的发展不断转换。

第一节 我国房地产经纪信息共享系统研究概述

在中国知网上以"房地产经纪信息共享"为主题搜索，期刊文献共有4篇，分别为2011年江小帆的《中国房地产经纪信息共享制度的形成路径研究》，2013年李会联、宋春红的《我国二手房市场信息共享系统构建研究》，2015年刘建利的《我国房地产经纪信息共享模式与MLS对比分析》和《我国新型房地产经纪信息共享模式与MLS差异分析》；学位论文有2篇，分别为2011年东北财经大学王倩的《中国房地产中介业房源信息共享机制的效率影响分析》和2013年大连理工大学李会联的《我国二手房信息共享系统构建与运行机制研究》。而以"MLS"为主题在中国知网上进行搜索，总量为47篇，2000～2017年中国知网中关于MLS的研究成果数量统计如表2-1所示。

可见，我国对房地产经纪信息共享系统的研究主要是以 MLS 为核心展开的，从早期对 MLS 这一成熟的房地产经纪行业信息共享模式的介绍，到探讨我国引进的必要性，再到引入途径和条件的分析、近年来讨论引入的障碍和困难等。2000～2017 年共 18 年的时间，47 篇的数量，显然在我国房地产经纪行业突飞猛进的发展进程中行业信息共享并不是行业关注的热点问题，但是持续不断的研究成果又表明房地产经纪信息共享对于整个行业提升具有重大意义。

2000～2017 年中国知网中收录的以"MLS"为主题的论文数量统计表　　表 2-1

年份	2017	2016	2015	2014	2013	2012	2011	2010	2009
篇数	4	3	3	4	2	2	7	2	2
年份	2008	2007	2006	2005	2004	2003	2002	2001	2000
篇数	2	2	2	2	2	1	1	4	3

资料来源：笔者根据知网搜索结果整理

对国内关于房地产经纪信息共享系统和 MLS 的研究成果进行梳理，发现其研究成果主要体现在以下几方面：一是对房地产经纪信息共享系统与 MLS 的介绍；二是对我国引进 MLS 的探讨；三是对我国房地产经纪信息共享系统构建与形成的讨论。

第二节　关于房地产经纪信息共享系统与 MLS 的介绍

董世友（2001）指出 MLS 是全球最有效的房地产经营理念，MLS 的核心是通过特定的软件技术和网络手段，将各个独立中介机构的所有房源信息形成一个统一的互通体系。MLS 的本质在于利用 IT 技术和网络手段，对房地产企业和中介机构的外部经营资源和内部管理资源进行有效整合。董世友认为 MLS "可能是现阶段根据中国市场情况能最大限度让房地产开发商和中介机构获得实际效果的有效方法"[1]。董世友对于 MLS 的作用予以高度评价，认

---

[1] 董世友.MLS：示范全球最有效的房地产经营理念［N］.中国信息报.2001.6.4.

为从产业整体意义上讲，MLS塑造了整个行业的信息共享、利益均沾的机制，体现了地产商与租购客户、地产商与地产商之间良好的互动合作关系，是引导产业健康发展的良性助推剂。作为一种新型的经营理念，MLS提倡同行业者之间既竞争又合作的关系，即通过资源共享、信息交互，达到一种利益共享机制。MLS借助合作来提升整个行业的竞争力，通过业内同行之间合作，在成本、信息、服务和市场销售等方面共同发展，以求取得新的优势，这就是MLS系统给房地产发展商及中介机构所带来的好处。

陆克华（2001）指出MLS联盟已经成为全美第一大行业组织，MLS所拥有的网站也被评为全美十个最具商业价值的电子商务网站之一。美国比较著名的MLS有2个：Realtor.com和Long&Foster MLS。Realtor.com有120万名经纪人会员，是全美最大的MLS系统，现有约200万套的房源信息，参与该系统的经纪机构约有800个，每月客户浏览人次达到900万人次。Long&Foster建立于1968年，其总部在弗吉尼亚的费尔法克斯。该公司在美国的7个州和哥伦比亚地区有10500个代理和200个销售办公室，年销售收入达到30亿美元。❶

理查德·蒙得霍尔（Richard Mendenhall）（2001）向中国的房地产经纪界介绍了支撑美国房地产行业的三大支柱，其中之一就是MLS。美国MLS的前身成立于1907年，地区不动产代理人决定分享他们手中持有的顾客名单，每个客户都在一张卡片上列明，代理人彼此交换那些卡片，这样所有的代理人都可以向其他人推介其代理的房地产。随着每个社区的房地产协会经营或者拥有MLS，这一做法逐渐正规化。但直到"二战"结束，由于大量的新住房购买者进入市场，MLS才证明其在房地产行业中的重要地位。1975年MLS首次实现电脑化，将组织结构简单化，降低了成本，加速了销售，同时使列表得以每天更新。在当前的网络时代，购房者会先上网查看房地产信息，但信息不等于知识。一项由NAR做的调查显示，购房者仍然希望得到市场专家提供的评估和谈判技巧，而这些只有专业的房地产从业者才具备。❷

---

❶ 陆克华.美国房地产经纪人管理制度简介［J］.中国房地信息.2001（12）：10.

❷ 理查德·蒙得霍尔.三大支柱撑起美国房地产［J］.科技智囊.2001（7）：58-59.

牛金莉（2001）指出从产业整体意义上讲，MLS 塑造了整个行业的信息共享、利益均沾机制，它更多地关注客户的自身需求，体现了地产商与租购客户、地产商与地产商之间良好的互动合作关系，是引导产业健康发展的良性助推剂。MLS 系统的信息共享机制为地产商及二手市场中介机构增加了一个直达客户的通道，而且这个通道不同于其他媒体，其交互式的作用方式可以帮助地产商和二手中介机构有针对性地了解消费者的需求和心态，把握营销的大方向，便于进行分析和定位。作为一种新型经营理念，MLS 提倡同行业者之间既竞争又合作的关系，即通过资源共享、信息交互，达到一种利益共享机制，这是 MLS 系统给房地产商和中介机构所带来的好处。从这点上讲，它有点类似于中房城网所倡导的"联盟"概念，只不过中房城网更多的是强调原料采购上的合作，而 MLS 则专注于房地产开发及销售的全过程。[1]

高炽海、郝寿义（2002）认为，MLS 首先是房地产业独有的交易组织形式，不是一种一体化组织；其次，MLS 必须伴有行业协会执行部分行业管理功能，从而才能对成员形成激励——约束机制；最后，专卖权、补偿性佣金契约、行业规范、职业资质管理、保证金制度、强制报送等一系列运作程序构成了 MLS 内部的制度安排。MLS 的功能主要有：降低搜寻费用、有效降低价格及消除逆向选择、消除欺骗、有利于卖方减少和分散风险、有助于形成正确的开发决策。[2]

童光辉（2005）指出，在美国，即使卖家有现成的买主，也愿意把房屋委托给经纪人通过 MLS 销售，因为售价往往会比卖方的报价高 5%～15%，扣除 3.5%～6% 的佣金，大约能提高 10% 的售价。[3]

廖俊平在国内做了大量有关 MLS 的介绍和研究，对 MLS 的概念普及、运行状况的讲解有很多成果。2006 年他在《MLS 模式——中国如何借鉴》中

---

[1] 牛金莉.中国地产营销需要新模式[N].中华工商时报.2011 年 4 月 30 日.第 7 版.
[2] 高炽海，郝寿义.中国房地产市场的制度创新——从信息经济学角度的考察[J].中国房地产.2002（6）：24-27.
[3] 童光辉.美国地产经纪人的赚钱法宝[J].经纪人.2005（8）：48-49.

介绍了美国的 MLS 的参与主体和权责、MLS 系统下的佣金制度、MLS 系统成员的资格要求、MLS 的功能和经营管理。[1]

叶宏伟、金中仁（2008）指出 MLS 的核心实质是，破解了不动产的特性，使不动产作为商品符合最低价原理，使公平竞争、完全流通的销售规则在房地产领域得到实现。MLS 的核心理念是房地产业的房源信息共享原则，其原理是一条信息与一条信息交换，交换后双方都持有了两条信息，信息量成倍增长。如果交换的参与者增加，每一参与者的信息量将会呈几何级增长，最终每一参与者的信息量等同。MLS 系统根据主体性质及规模不同，其运作形式分为三种，即全国性的、企业间的和企业内部的 MLS 系统。[2]

彭俊（2011）在其硕士学位论文中提出，通过 MLS 可以规避我国房地产中介市场交易程序繁复、交易费用高昂、信息缺失这三大难题。分析了我国房地产经纪行业发展中种种乱象的原因，论证了通过借鉴国外成功经验，建立公开、透明的存量房屋资源信息系统可以起到规范中介服务、整合中介市场资源、进而盘活住房二级市场的作用。彭俊通过模型分析得出的主要结论是，与非 MLS 模式相比，MLS 模式的会员审核机制、惩罚监督机制以及信息共享机制缓解了房地产中介市场的败德行为；MLS 模式的独家代理、联合销售、佣金共享机制则缓和了房地产中介市场的恶性竞争，从而对规避房地产中介市场的乱象、规范房地产中介市场、引导房地产中介市场的健康发展起到重要作用。[3]

李会联、宋春红（2013）认为 MLS 最大的优势在于"整合性"和"效率性"。整合性是利用协会的共享利益驱动力，在一定范围内垄断房地产市场的销售信息源，从而规避恶性竞争带来的营销制约；效率性是指经纪人能通过 MLS 在短时间内促成交易，提高工作效率。同时，他们提出 MLS 的不足之处在于

---

[1] 廖俊平.MLS 模式——中国如何借鉴 [J].中国房地产.2006（12）：71-73.

[2] 叶宏伟，金中仁.基于 MLS 系统的房地产经纪行业信息发展思考 [J].企业经济.2008（11）：111-113.

[3] 彭俊.MLS 模式与规范房地产中介市场研究 [D].华中师范大学，2011.5.

没有兼顾消费者利益，只对内部机构成员的经纪人员开放，形成了内部人员对房源信息的垄断，最大化了经纪人的利益，由此导致美国二手房交易者不得不付出较高的佣金。❶

巴曙松、杨现领（2014）介绍了互联网冲击下美国房地产经纪行业的发展状况。MLS作为传统经纪行业的"神经中枢"，垄断了美国市场上的活跃房源信息，经纪人数量众多、专业性强，能够提供有效的线下服务，传统以加盟自营为主体的经纪公司高效地整合了融资、产权保险、房屋查验、搬迁等配套服务环节，这使得美国互联网企业能提供的增值价值相对有限，在很大程度上只是作为传统经纪人和经纪公司的广告平台，绝大部分的互联网公司本质是在线媒体，互联网冲击的是线下报纸和门店，并未动摇传统经纪行业的根基。❷

巴曙松、杨现领（2015）提出美国线下传统的百年演变中，MLS是绝对的主角，美国经纪行业演变的过程本身就是MLS的诞生、发展和全面崛起的过程。他们认为由于MLS特殊的运行体系，与房地产经纪行业的特性相结合，导致美国呈现出经纪公司小型化和品牌集中化的显著特征。第一，单纯的扩张无法产生明显的规模经济。经纪人的工作需要个体性的判断和专业知识，整个流程难以分解和自动化。第二，行业的周期性特征使得大公司在面临下行周期和减少的需求时难以快速调整，相反，小公司更容易在周期波动中生存下来。第三，行业准入门槛很低，MLS也为每一个新成立的企业提供房屋库存信息。❸

燕翔环、杨和礼（2016）介绍了美国MLS的运行情况，并特别提及MLS的建立提高了美国经纪公司的佣金比例。在MLS出现之前，美国房地产经纪行业的佣金率在2%左右，因为当时经纪公司提供的服务比较少，而且每个公司的房源也少。在MLS出现后，房源逐渐增加，佣金比例也在不断增加，

---

❶ 李会联，宋春红. 我国二手房市场信息共享系统构建研究 [J]. 工程管理学报.2013（2）：83-87.
❷ 巴曙松，杨现领. 互联网将冲击房地产经纪 [J]. 中国房地产.2014（12）：30-33.
❸ 巴曙松，杨现领. 房地产大转型的"互联+"路径 [M]. 厦门：厦门大学出版社，2015.

后来达到 6%。MLS 系统完善后，全美 90% 的房源集中到房地产中介公司手中，为了避免被政府采取强制措施，全国中介公司就佣金比例标准达成默契，以行业自律的形式稳定了佣金比例，无论在全国哪个地方，经纪公司都收取 6% 或 7% 左右的佣金，以此避免恶性竞争和政府管制。❶

贾媛媛（2017）指出美国房地产市场的信息化治理主要仰赖两个制度：一是政府主导下的房地产信息公开制度，该制度主要致力于房地产基础数据及动态资料的收集、管理及公开；二是房地产经纪协会主导下的 MLS 信息共享制度。二者共同承担着房地产市场数据的采集、传输、存储、处理和利用功能，成为推动美国房地产市场信息化发展的重要力量。❷

第三节 关于我国引入 MLS 的研究与分析

在我国研究 MLS 的文献中，数量最多的是对我国引入 MLS 的实际状况和引入途径的讨论和分析，尤其是在我国长期努力引入 MLS 却收效甚微的情况下，很多学者分析了 MLS 推行所需要必备的前提条件，并对我国是否适合引入 MLS 进行了探讨。

曹丽玥（2003）介绍了 21 世纪不动产公司在中国应用 MLS 的情况。21 世纪不动产与 MLSChina 科技公司建立了战略联盟，其电子商务的最终表现形式是目前流行于欧美国家的 MLS 理念。21 世纪不动产的 MLS 体系使用 4 套应用软件：Realty Express——专门为房地产中介公司设计的房源管理应用软件；Grain Office——特别为房地产中介经纪人编制的实用性应用软件，用于展示房源信息；Tower——面向新楼盘销售业务的管理软件；Sales

---

❶ 燕翔环，杨和礼. 地产中介之美国模式［J］. 中国房地产.2016（9）：22-24.
❷ 贾媛媛. 大数据时代房地产市场信息化治理的法治路径［J］. 经济与社会发展.2017（4）：32-40.

Information——专门针对二手房的商务软件，是一个高效的信息管理系统。❶

廖俊平（2006）指出"我国的房地产中介代理行业应该借鉴 MLS 的经验，建立类似的交易系统和行业规则。在此过程中，必须注意以下几点：①独家代理是 MLS 系统建立并平稳运行的前提，也是 MLS 的基本规则。②信息共享、佣金分成是 MLS 系统的根本运行机制。③计算机网络是 MLS 系统推广运行的平台基础。"❷

钱聪（2007）在其硕士学位论文《关于房地产多重上市服务系统（MLS）的应用研究》中，分析了我国房地产经纪业存在的信息共享化水平低、基础数据获取难、房屋交易成本高等问题，提出应借鉴 MLS 系统在国内外的应用经验，加强我国房地产交易模式的创新建设，尽快建立房地产多重上市服务系统。钱聪从提高房屋交易效率的角度出发，以深圳市为例，提出了建立系统的思路及技术路线。❸

廖俊平、林青（2008）介绍了美国 MLS 的参与主体与权责、MLS 系统的功能、佣金制度、成员资格要求、经营管理方式。在此基础上作者指出，我国房地产经纪行业已经发展到一定阶段，需要建立类似于 MLS 这样的系统来帮助行业确定规则。在借鉴 MLS 时，应注意的是：①独家代理是 MLS 系统建立并平稳运行的前提，也是 MLS 的基本规则；②信息共享、佣金分成是 MLS 系统的根本运行机制；③计算机网络是 MLS 系统推广运行的平台基础。❹

国内对引入 MLS 是否会产生垄断存在疑虑。叶宏伟、金中仁（2008）认为 MLS 不会构成行业垄断：第一，美国目前没有统一的 MLS，各地的 MLS 系统都是当地协会自行开发的，是单一的个体行为；第二，MLS 中的佣金比

---

❶ 曹丽玥. 关于上海房地产经纪业实行战略联盟的探讨 [J]. 中国房地产估价师. 2003.（4）：72-74.
❷ 廖俊平. MLS 模式——中国如何借鉴 [J]. 中国房地产. 2006（12）：71-73.
❸ 钱聪. 关于房地产多重上市服务系统（MLS）的应用研究 [D]. 华中师范大学, 2007.
❹ 廖俊平，林青. 美国房地产经纪 MLS 模式及其借鉴 [J]. 中国房地产估价与经纪. 2008（5）：75-78.

率并没有统一规定，佣金都是由卖主和经纪人协商制定的；第三，MLS目前已经非常开放，谈不上封锁信息。❶

李侃（2009）在其学位论文中，首先分析了美国房地产经纪的运作模式，然后提出美国模式对中国的启示在于，经纪人与委托人之间的关系应确立为代理关系；独立合同制经纪人目前在国内的发展不具有优势；经纪机构目前主要以直营模式发展，将来会主要采用特许经营模式在全国进行扩张发展。李侃论文的第二章专门对中美房地产经纪信息共享模式进行了比较，指出二者的差异主要存在于以下三方面：一是经纪活动方式的制约。系统顺利运行的基本前提是房源的独家代理，而我国二手房市场的经纪活动方式主要是多家委托的居间形式，容易造成系统的混乱，进而影响经纪人之间的利益分配，无法有效支撑系统的建立。二是对经纪人的管理制约。在美国，加入系统的会员必须是执业经纪人，美国相关行业协会对他们的监督非常严格，但我国大多数从事房地产经纪业务的人员都不是执业经纪人，进入门槛低，不利于监管。三是信息更新速度的制约。虽然我国的计算机技术和网络发展的速度很快，已具备建立系统的硬件条件，但网上信息的发布和更新速度却比较慢，使得一些数据过于陈旧，未能体现实际情况的变化，使得信息失真、效率较低，失去了信息共享的意义。❷

陈林杰（2011）认为，随着一系列调控政策生效，房地产经纪行业面临着巨大调整。事实证明，采用人海战术疯狂开店铺张的模式已经行不通了，因为高成本不仅给房地产经纪商造成了沉重负担，而且消费者也要承担高昂的经纪费用，为了渡过难关，不少房地产经纪公司开始转换经纪模式，尝试使用网络开展中介服务，这就是网络经纪模式。陈林杰认为采用MLS转型网络经营后，可以产生以下积极影响：①房源信息更直观、全面、真实，提高了购房效率；②降低经纪机构运营成本；③突破时间和空间制约使服务无时不在；

---

❶ 叶宏伟，金中仁．基于MLS系统的房地产经纪行业信息发展思考［J］．企业经济．2008（11）：111-113．

❷ 李侃．中美房地产经纪运作模式的比较研究［D］．东中师范大学，2009.5．

④增加了房地产经纪操作透明度；⑤促进了房地产经纪服务质量的提高；⑥可实现个性化和特色服务。❶

徐斌、廖俊平（2016）对当前阻碍中国房地产经纪行业采用MLS的原因进行了分析。作者指出，MLS在美国得以顺利运行的原因在于两大核心运营机制——独权/独家代理和佣金分成机制，而这两大核心运营机制正是目前中国房地产经纪行业所缺乏的。虽然独权/独家代理模式目前在市场上被经纪公司经常采用，但事实上只是一种双向的独权/独家代理模式，一定程度上加强了经纪公司或经纪人对信息资源的垄断，使其放心大胆、不紧不慢地去促成交易，达到两头通吃的目的。而且，由于佣金分成机制不能在分属于不同公司的经纪人之间实行，即使经纪人或经纪公司愿意公开信息资源，经纪人之间的合作共赢还是不能实现，房地产交易效率难以提高。由于缺乏单向的独权/独家代理和佣金分成机制的保障，近年来在国内出现的众多房地产经纪网站更多程度上只是一个信息发布平台（其部分信息资源还得依靠一些不正当手段得来），并不是一个真正促进房地产经纪公司和经纪人进行健康竞争与合作的"信息共享与共同代理"平台。❷

第四节　关于我国房地产经纪信息共享系统现状与建设的研究

对于我国如何建立房地产经纪信息共享系统，研究者们从多个方面提出了自己的设想，有些讨论了共享系统的主体，有些讨论了建设路径，有些分析了应克服的困难，有些设计了共享系统的框架，有些总结了所进行的探索。

---

❶ 陈林杰.基于MLS建立房地产经纪行业网络信息系统[J].基建管理优化.2011（4）：15-19.

❷ 徐斌，廖俊平.MLS的核心运营机制与中国互联网经纪未来发展[J].中国房地产.2016（9）：26-30.

江小帆、宋春红（2011）对房地产经纪业信息共享制度的形成路径进行了研究。对美国房地产经纪行业的发展史进行了考察，通过对其经纪人制度、经纪市场运行机制的转变、多重上市服务系统的建立以及政府监管和行业自律并行的行业管理模式的分析、阐述，识别出房地产经纪行业信息共享制度的形成路径。同时指出我国房地产经纪行业还处于信息非共享的发展阶段，在分析我国房地产经纪信息共享系统影响因素的基础上，结合美国信息共享制度的形成路径，提出我国信息共享制度的实现依赖于不断完善的经纪运行体制、统一的会员管理制度和严格有效的行业管理，需要依靠政府监管部门的强制性力量和行业协会的共同努力来完成。❶

赵胜、黄昕（2011）在论文中指出，2011年国家三部委联合出台的《房地产经纪管理办法》第27条规定：房地产经纪行业组织应当制定房地产经纪从业规程，逐步建立并完善资信评价体系和房地产经纪房源、客源信息共享系统。这条规定可谓是建立MLS的信号灯。建立这个系统，除了本身需要技术、资金支持以外，前期的调研、信息收集、统筹以及系统建立后的普及、技术培训、系统维护等是一个庞大的工程，在我国目前行业自律组织本身发展就十分薄弱的情况下，如果期望由行业组织来完成，这个设想只能永远停留在喊口号的层面。政府本身就是房地产中介行业的监管机构，又是非营利机构，在技术、资金、推广、培训等方面都比行业组织有更强大的力量，所以，由政府来做比较可行。❷同时认为，在我国推行独家代理模式难度很大，涉及观念、行业风气甚至行业内可能"洗牌"的问题，虽然从法理层面看推行独家代理制度是可行的，但是必须让消费者了解独家代理并不限制他们的选择权，反而恰恰是通过独家代理和MLS系统，让他们丰富选择空间，便捷选择途径，节约选择成本。只有消费者接受这种模式，经纪人又能分享佣金，独家代理才可能真正推行。

---

❶ 江小帆，宋春红. 房地产经纪业信息共享制度的形成路径研究 [J]. 工程管理学报. 2011 (4)：449-453.

❷ 赵胜，黄昕. 探索MLS系统及独家代理制度在我国的建立 [J]. 中国房地产.2011. (5)：66-68.

江小帆（2011）在其硕士学位论文中提出中国房地产经纪行业信息非共享制度导致了市场效率的极大损失，是一种无效的代理制度安排。以制度学中的制度构成理论为指导依据，对促进和阻碍我国房地产经纪行业信息共享制度建立的因素进行了分析。最后，将我国房地产经纪行业由信息非共享制度向共享制度转化视为一个制度变迁过程，利用规范性的制度变迁理论找到转化的路径，认为我国房地产经纪行业应首先应在立法上明确经纪服务的代理关系，利用政府的强制性手段彻底落实行业职业资格制度，同时行业协会发挥其独立运作能力，制定会员管理制度，共同建立中国房地产经纪行业信息共享制度。❶

孔利（2012）在其学位论文中研究了我国 MLS 系统设计应用研究方面的不足，用对比分析的方法通过与美国房地产经纪业的对比，找出了我国房地产经纪业的特殊性。然后结合 MLS 系统的相关理论，针对我国房地产经纪行业的特殊性，设计出了我国的 MLS，包括运作模式、系统规范、组织结构、交易流程等。通过数学模型对设计的 MLS 系统进行经济效益和共赢效益两个层面的分析，最终得出结论：MLS 系统的应用能够很好地解决当前我国房产交易中诸多的现实问题，符合房地产开发商、代理商、经纪人、购房者和政府各方的利益，达到共赢的局面。孔利设计的中国 MLS 实行政府主导下的行业协会负责制，企业专业化的经营运作，采用强制性房源信息录入。❷

刘建利（2015）分析了我国房地产经纪行业难以移植 MLS 的原因。首先，我国不具备实施 MLS 的前提——独权委托代理；其次，我国房地产经纪行业协会力量薄弱，难以承担建立和运营 MLS 的责任；再次，不同类型的企业对 MLS 的态度不同，中小企业可能欢迎，而大型经纪机构态度消极甚至可能抵制。❸

刘建利（2015）提出 MLS 是国外成熟的房地产经纪行业信息共享模式，由于我国不具备推行条件，长期以来难以移植。当前，特殊的交易环境和互

---

❶ 江小帆.中国房地产经纪信息共享制度的形成路径研究［D］.大连理工大学，2011.
❷ 孔利.房地产调控背景下我国 MLS 系统设计应用研究［D］.长安大学，2011.
❸ 刘建利.我国新型房地产经纪信息共享模式与 MLS 差异分析［J］.2015（4）：14-17.

联网经济在我国催生出了新型房地产经纪信息共享系统模式——经纪电商模式。这一模式与 MLS 相比，其主体由房地产经纪行业协会变成了经纪电商，收益方式更加多样灵活，更有利于消费者的利益保护，但在行业信息利用效率和企业利润最大化两个目标之间存在一定的冲突，仍需进一步改进完善。❶

　　虞达峰（2017）首先对我国房地产经纪行业的情况进行了分析，指出我国房地产经纪行业企业数量增长迅速，竞争激烈，2013 年房地产经纪机构约 2.3 万家，2014 年约 7.9 万家，2015 年约 8.8 万家，2016 年超过 10 万家。随后提出在互联网时代应该借鉴美国 MLS 的运作，我国应首先建立全国性的中国版 MLS 系统，这是市场转化的外在要求；其次，必须引入互联网信息分发机制，建议将系统数据授权 1~2 家信息分发平台，再分发至众多媒体信息网站。经纪人通过付费自主选择房源发放媒体，自主定义推广策略及推广频率，实现房源信息及时、高效、最大范围的曝光及推广。❷

　　方磊、刘贞平（2017）指出在当前的新形势下，出现了房地产经纪业与互联网的有机融合，房地产开发企业的广告发布、客户积累等多依赖于互联网媒体电商平台，房地产中介服务类企业正在使用各种 ERP 管理系统，房客源信息发布和搜寻系统、移动 APP 平台、大数据平台等，大大提高了中介服务效率和服务质量。客户的网络化消费行为将颠覆经纪行业的盈利模式，催生大型交易撮合平台的诞生。我国目前的房地产电商平台尚未承担起交易撮合的功能，往往只是企业发布楼盘广告信息的媒介。在新房代理领域，这些电商平台遍布楼盘广告。在二手房经纪领域，既有以发布房源广告为主的媒体电商平台，如安居客、搜房网等；也有以单个经纪机构为载体的 ERP 管理系统，但该系统仅仅是经纪机构对自己的经纪业务和员工进行内部管理的控制系统，缺乏开放性和共享性。方磊，刘贞平指出我国现有的房源信息平台

---

❶ 刘建利．我国房地产经纪信息共享模式与 MLS 对比分析 [J]．现代管理科学．2015（10）：118-120．

❷ 虞达峰．互联网时代美国房地产经纪信息系统借鉴 [J]．中国房地产估价与经纪．2017（5）：47-52．

大致分为两类,一类是在连锁型经纪机构内部实现局部共享的房源系统,这类系统不对外开放,仅限公司内部员工使用;另一类是在专门的房源网站上以付费方式发布的房源信息系统,这类系统具有社会共享性,但虚假房源泛滥,可信度不高。❶

综观我国对与房地产经纪行业信息共享体系的研究,研究的主流方向为:一是引入或移植,即借鉴美国 MLS 的成功做法,通过嫁接、改良等方式引入我国,为此,探讨 MLS 施行的制度环境、前提条件、主体能力等,再对比我国的现实情况,找出在我国推行 MLS 的限制条件,进而得出我国应改善的方向;二是对我国现实中房地产经纪行业信息共享状况进行描述和分析,指出我国当前尚处于 MLS 的初级阶段或者前奏阶段,即基本没有实质性的跨企业房地产经纪信息共享,然后分析难以跨企业共享的原因,找出今后的发展方向。这两种思路都是以建立 MLS 体系为目标,认为我国房地产经纪信息共享系统发展的未来是建立一套中国的 MLS 体系,这个体系可能会根据我国国情有所改变,但本质与 MLS 一致。

现有研究几乎没有涉及在网络经济高度发展的时代背景和我国迥异的国情下,在我国形成一种全新的、创造性的房地产经纪信息共享系统的可能性和发展路径。

---

❶ 方磊,刘贞平.新形势下房地产经纪行业的困局与出路 [J].中国房地产.2017(15):72-80.

第三章　美国MLS介绍

发端自美国的 MLS 是当今世界最成熟和完善的房地产经纪信息共享系统，自 20 世纪诞生后，历经多年与时俱进的发展和完善，成为房地产经纪行业信息共享与整体高效运行的经典管理系统。由于效果显著，美国的 MLS 先后被多国房地产经纪行业引入，亦取得了成功。

第一节　MLS 及其功能

MLS 是美国房地产经纪行业信息系统的基础平台和整个行业运行的核心所在。美国最初的 MLS 诞生于 1907 年的纽约，1908 年，美国房产交易协会（the National Association of Real Estate Exchanges）支持所有经纪人加入这种房源共享体系。20 世纪 30 年代后加入的人员逐渐增多，行业影响增大。20 世纪 50 年代后，MLS 系统逐渐得到市场认可。经过几十年的完善，特别是 20 世纪 80 年代的计算机和 90 年代的互联网技术的发展，使 MLS 有了质的飞跃，成为现今可以通过价格、社区和房屋类别进行全网筛选的系统。[1]

---

[1] 虞达峰. 互联网时代美国房地产经纪信息系统借鉴[J]. 中国房地产估价与经纪.2017 (5): 47-52.

一、MLS 的含义

MLS 是 Multiple Listing System 的简称，Multiple Listing System 直译为"多重上市系统"，"多重"的字面意思容易让人误解为一套房源多次挂盘上市，而其真实含义是指 MLS 系统中发布的房源信息是由加入该系统的多个经纪公司提供的，但是该房源在一个委托期内，只能在本系统中挂盘一次。房源信息一旦挂盘，所有 MLS 系统中的成员都可以看到并利用该信息，因此，MLS 的本质含义是房源信息共享系统。

房源信息共享，这是 MLS 诞生的初衷，也是 MLS 系统的核心功能，即由许多房地产经纪公司联合起来，共建一个信息系统，同享信息资源，使客户委托的房地产出售、出租业务能在较短的时间内完成的一种房地产销售方式。经过多年来不断的完善和发展，MLS 所发挥的作用已经远远超出共享房源信息、加速销售的范围，在信息发布、配对查询、公司内部管理、行业信息库等方面均发挥出显著作用，成为被行业广泛接受的标准、规范的行业准则和高效便利的经营管理模式，成为房地产经纪从业者、经纪人员和客户之间沟通的有效桥梁。

MLS 按照一套既定的规则，在会员联盟内部实现信息共享、收益分成，很好地解决了不动产商品的不可移动性、交易复杂性、信息滞后性和客户分布的特殊性等这些长期困扰房地产交易的难题。MLS 为房地产购买者和租赁者提供了尽可能多的房源信息和便捷服务，为房地产经纪人员营造了一个有序的公平竞争的流通环境，为房地产经纪公司提供了标准统一的管理模式，为房地产经纪行业提供了更快的销售速度。具体而言，MLS 的功能主要表现在以下几方面。

二、房源信息共享

20 世纪 30 年代，美国的房地产经纪人在经济大萧条的困境中寻求生存，他们不得不放弃纯粹的竞争转为相互合作。在房地产经纪人各自为战的情况下，每一个经纪人只能自己获取房源信息，也只能销售自己掌握的房源，有限的房源和客源信息限制了成交的可能性，每个经纪人的成交概率都很低，因而所得佣金有限。如果实现了房源共享，每个房源都能获得更大的销售市场，整体成交率会大大提高，每一个经纪人都将从中得到好处。为了共享房源信息，当时的 MLS 采用信息汇编的形式，组织者每隔一定时间将所有经纪人搜集到的房源信息汇集到一起，整理后印制成小册子，在经纪人中分发，定时更新。由于形式所限，当时的 MLS 仅仅起到房源信息共享的作用。

美国多数的 MLS 规定，除非卖方明确表示不愿意公开房源信息，否则在签订独权代理委托合同后的 24 小时内，卖方经纪人员将委托合同的复印件和房源信息表等信息按照规定的格式录入 MLS 系统中，而且必须在规定时间内进行实地勘查、权属调查等，然后如实报告房源状况。如果委托方更改挂牌价格，经纪人应在 24 小时内提交卖方书面授权；如委托方在合同到期之前撤回房源，经纪人要向 MLS 提供书面协议副本，MLS 将房源标明为撤销；在交易完成之后，销售代理应对交易信息及时修改，并在系统中如实填写交易成交价。

时至网络时代，MLS 已经发展成为完善的网络体系，包含后台的数据库和匹配系统以及前台的客户、房地产经纪公司、经纪人登录界面，成为房地产经纪企业管理、行业管理乃至其他行业信息参考的重要手段。一个区域内的 MLS 形成一个覆盖整个区域的房地产市场经纪网络平台，平台包括信息公示、交易流程、客户管理、服务支持、行业监督和内部管理几大版块。因此，MLS 的核心是通过特定的软件和网络手段，使加入该系统的各个独立经纪机构和人员形成一个信息共享的互通体系。

但是无论 MLS 的网络如何扩张、功能如何延展，房源信息共享仍是 MLS 的根本目标和核心，所有其他功能都是以房源共享为基础衍生出来的，是由于信息处理技术、网络技术的发展所带来的技术性扩展，一旦没有了房源信息共享，其他功能都成为无本之木、无源之水。

三、信息发布

MLS 会员人数众多,信息量大,但 MLS 设计的初衷是只对业者开放的系统或 B2B 网站。但是在网络时代,该系统逐渐不再屏蔽房地产的交易者,反而成为经纪机构吸引客户搜寻信息、进一步寻找相应的经纪人交流沟通的信息交流平台。平台引来更多客户,业者就更乐于加入系统,而经纪人员的增加反过来有利于形成更大的信息池,吸引更多的潜在交易者。MLS 成为巨大的房产信息港,也形成了一个大卖场,消费者都愿意到信息量最大的地方去,增加选择的范围,提升成交率。由此 MLS 系统促成业者和客户之间形成良性循环。当汇集了大量与房地产交易相关的人群后,MLS 也引来众多房地产的关联行业,MLS 成为一个更广泛的信息发布平台。

刚开始公开对社会发布信息时,房地产经纪人担心允许消费者查询信息会削弱经纪人对信息的垄断权力,助长买卖双方自行交易,但是现实中这种现象并没有发生,主要是由于两方面的原因:一是核心信息并未解锁,MLS 的开放信息中不包含有关卖方的联系方式、价格底线、销售条件等关键信息,消费者只能通过经纪人寻求;二是房地产交易金额重大、交易风险高,消费者自行交易的交易成本相当高,而通过经纪公司则大大提高了交易保障,因而交易双方不会轻易抛弃经纪服务。

从目前的发展情况来看,信息发布平台的功能不仅扩大了 MLS 的影响,而且提高了房地产经纪人的工作效率,因为,客户在和经纪人联系之前,已经通过 MLS 对房子的各种信息有了较深入的了解,减轻了经纪人的大量介绍工作。此外,对客户浏览页面和查询核心词的跟踪也便于经纪人推荐更合适的房源。

四、配对推荐

在现代技术支持下,MLS 以成交总额最大和用户满意度最高两个标准为目标,开发了配对推荐功能,即根据客户的要求,由计算机自动在数据库中搜寻最佳交易对象,并提供推荐列表,供交易双方选择。这种配对推荐的功能改变了过去依靠经纪人的信息、经验和直觉进行交易推荐的状况。首先,搜寻范围扩大到了整个房源库和客源库,匹配范围大大扩展;其次,通过精密的计算推荐,避免了个人认识的错漏和偏差。总之,现代科技使得 MLS 对资源利用更全面,对客户需求的响应更精准。MLS 软件还支持信息下载与系统自动更新功能,从而为自身数据库储备更多的资源和客户资料。

五、标准化管理功能

随着信息技术的完善,MLS 系统逐步开发出了强大的管理功能,包括房源管理、客户管理、成交业绩、店务管理、表格中心、配对查询、房源及客户信息统计分析等。因此,MLS 不仅是房地产经纪人提高工作效率的工具,也成为房地产经纪公司内部管理的有力工具。

其一,提供可靠的决策数据支持。 MLS 系统具有强大的房源信息和客户信息的分析统计功能,日积月累的大数据可为房地产经纪机构管理者提供决策依据;**其二,规范房地产经纪机构的运作模式。** MLS 建立了一套统一的单据转移程序和权限体制,所有加入 MLS 的经纪公司都按照这套程序和体制进行流程化管理,在企业之间可以实现业务的无缝对接;**其三,实现企业内部管理数据的标准化、共享化。** 运用 MLS 的房地产经纪机构,所有的数据均采用标准化的统一口径,实现项目资料、销售计划、业务进度控制的高度集中化、科学化;同时,数据在企业内部实现共享,凡是有权限的员工都可以看到,数据的共享大大增强了下级人员的参与感和决策能力,因而能够更加快速地响应市场和客户。通过网络数据的共享和高度集中的计划体系,使得企业各部门之间统一步调,避免数据混乱,减少由于信息不畅和计划不精确而造成的人为管理成本。

六、行业信息库

2005 年全美地方性 MLS 数量达 900 个，成员人数逾 100 万，代理的房源大约在 130 万，占美国所有领取执照的经纪人与销售代理数目的 60%。而实际上，美国房地产经纪人协会 NAR（National Association of Realtors）不单单是房地产经纪人的组织，还包括了各类房地产专业人士。MLS 汇集的庞大信息量使得该系统不仅对经纪人有重要意义，而且对相关从业者来说也成为重要的信息源，比如从房源总量可以估测房地产市场总量，由于每笔交易后，经纪人必须把真实的交易价格录入系统，因此，对于房地产估价人员来说，是准确获知房屋市场价格的信息源。对于从事房屋装修、家具家居家电、家政服务等相关行业来说，MLS 都成为重要的潜在客户聚集地和信息源。

第二节　MLS 的运行前提

MLS 的运行建立在两大前提条件下：一是房地产经纪活动采取代理方式；二是代理采取独权委托。代理明确了经纪人和客户的关系，站位明确。独权委托在一定时期内确定了代理经纪人的垄断权，避免了恶性竞争和重复挂盘，与 MLS 的联合销售相配合构成了房地产经纪行业良好的竞争环境。

一、房地产经纪活动采取代理方式

房地产经纪有三种形式：居间、代理和行纪，美国的房地产经纪活动采取代理形式。《美国传统词典》中，对"Broker"（经纪人）一词的解释为"One that acts as an agent for others, as in negotiating contracts, purchases, or sales in return for a fee commission." 即"作为他人的代理人，代理他人进行谈判签约、购买或销售以获取费用或佣金的人"。可见，美国的经纪人实际上就是代理人，由此可推知代理是美国经纪行为的主要形式。此外，1919年美国加州实施的《房地产执照法》中也明确规定，房地产经纪人与客户的法律关系是代理而非居间。

在美国的房地产经纪活动中，经纪人可以依照其在交易中的作用不同，分为Listing和Selling。Listing是挂盘经纪人，即房源信息的获取者，他们接受卖方/出租方的委托，将房源信息收集整理验证后，在MLS中发布。Selling是销售经纪人，他们是MLS的会员，看到系统中发布的房源信息后，推荐给适当的买方/承租方，带看房屋，促成交易。当一个房屋成交后，佣金在挂盘经纪人和成功促成交易的销售经纪人间分享。挂盘经纪人可以销售自己挂盘的房源，如果最终由自己带来的买方/承租方成交，则自己独享佣金。

从上述美国房地产经纪的活动来看，代理的法律关系体现在：第一，卖方/出租方可以授权挂盘经纪人为其寻找买方/承租方；第二，买方/承租方可以授权经纪人为其寻找物业；第三，挂盘经纪人允许销售经纪人协助其寻找合适的买方/承租方和物业。这三种关系中，第一种和第二种关系通常通过书面合同确立，第三种关系通常通过口头协议或既定制度来确立。挂盘经纪人在与客户的关系中是代理人，在和销售经纪人的关系中则是委托人，销售经纪人则是挂盘经纪人的代理人和挂盘经纪人委托客户的副代理人。

代理关系使得美国房地产经纪人的角色定位非常明确，即代表委托人的利益行事，而不会陷入居间关系中经纪人一手托两家的尴尬。

二、独权委托

在美国，委托人和房地产经纪人之间的委托代理可以有三种形式，分别为独权委托、独家代理和开放式销售。独权委托（Exclusive right to sell listing）也叫独家销售，这种方式排除了其他任何人挂盘房源的权利，是指卖方/出租方只委托一位房地产经纪人进行挂盘，卖方/出租方不得再委托其他经纪人挂盘。在规定的期限内如果非委托人销售了该委托物产，则委托经纪人仍可获得佣金。独家代理（Exclusive agency listing）排除了其他经纪人员的挂盘权，是指卖方/出租方只委托一位房地产经纪人进行挂盘，但是如果卖方/出租方自己找到交易对象，则不必支付委托经纪人佣金。开放式销售（Open listing）是指卖方/出租方可以委托多位经纪人销售，经纪人之间形成竞争，谁先卖掉谁得佣金，在合约期内，卖主自己销售房屋的话，则不支付佣金。

美国允许委托人和经纪人协商选择三种委托方式中的一种，但通常规定，在 MLS 中发布的房源信息必须采取独权委托，采用开放式委托的房源信息不得进入 MLS。独权委托在委托的期限内形成经纪公司对房源经营权的垄断，从理论上来说垄断必然降低竞争效率，而实际上，由于房地产的交易在获取信息、选择、看房、谈判等各环节的过程很长，难以在短期内达成交易，而独权委托的期限一般为 60～90 天，进一步降低了垄断的影响。同时，独权委托和 MLS 配合使用，虽然挂盘权垄断，但销售权在 MLS 系统内部却是开放的，成交的经纪人将和挂盘经纪人分享佣金，在佣金的刺激下，众多经纪人在销售上相互竞争。与开放委托下各经纪机构争夺房源、重复挂盘相比，独权委托大大规范了行业秩序，避免了信息的重复，同时保证了房源信息的真实性，这又提高了经济市场的运行效率。

第三节　MLS 的构成与管理

MLS 的运行规则是"独权委托、共享房源、合作销售、分享佣金"，在这样的运行规则下，加入 MLS 系统的每一位成员均采用独权委托方式和客户签订委托合同，在规定的时间内将房源信息输入系统，由参加系统的经纪人员中有客户资源的人共同推销，然后按约定的比例分享佣金。

一、MLS 的构成

MLS 主要由两大部分构成：MLS 后台系统和 MLS 平台，分别相当于内部信息管理系统和对外信息发布系统。

MLS 后台系统是信息处理系统，是 MLS 的核心，仅对会员开放，会员凭系统提供的用户名和密码登录、输入信息、查询信息等活动。该系统主要包括房源信息登记系统、客源信息登记系统、会员信息登记系统和会员服务系统。其中，房源信息登记系统记录了所有加盟经纪人独权代理的房源信息，包括房源编号、房地产地址、面积、楼层、布局、价格、周边配套等信息，以及相关图片或视频资料，尽可能详尽地描述物业的实际情况。客源信息登记系统记录了每个客户的基本资料和对所需房地产的要求，如客户姓名、联系方式、对物业的区域、面积、价格等方面的要求等会员信息。登记系统记录了系统内各经纪机构和经纪人的基本信息。会员服务系统包括重要通知、行业咨询，还可以提供经纪人交流平台，如经纪人论坛等。MLS 后台系统将会员录入的房源信息进行整合和处理，然后发布给全体会员，会员向客户推荐房屋，并在系统中记录交易进程，填写各种表格。最终完成交易后，房源和客源信息将被移出数据库，以确保信息有效性以及交易及时性。

MLS 平台是对公众免费开放的，它主要以网站的形式，向消费者公开所有房源信息和经纪人或经纪机构的基本信息、信用以及资质，方便人们进行查询。MLS 平台主要包括房源信息查询、客源信息查询、会员信息查询、其他服务等版块。[1] 通过该平台，房地产经纪人可以把房源信息最大化地向市场公布，从而有效地发掘潜在的消费者（图 3-1）。

---

[1] 李侃. 中美房地产经纪运作模式的比较研究 [D]. 东中师范大学，2009.5.

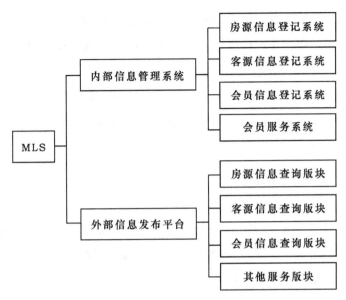

图 3-1　MLS 的构成

从技术层面来看，MLS 系统由五部分构成：**房源数据层、软件支持层、硬件支持层、系统维护层和服务层**。其中服务层是整个 MLS 系统结构的最底层，也是成果层，一方面，为 MLS 的会员提供内部服务，会员可以上传房源数据，同时进行供需配准；另一方面，延伸出对外客户端服务，生成若干个 MLS 子平台，为登录该平台的客户服务，这些子平台共同构成房地产经纪信息 MLS 平台，即通过 MLS 平台可以到达每个 MLS 子平台。

按照经营区域及运作规模划分，MLS 由两个层次构成——地方性 MLS 和区域性 MLS。地方性 MLS 由各城市的房地产经纪人协会建立、管理和运营，集合了当地 MLS 成员企业所有独家代理出售的房源信息及客户信息，这些信息向所有 MLS 成员开放、公布并不断更新。美国的大多数城市都建立了地方性 MLS 系统，每个地方性 MLS 作为独立的经济实体，独立核算，独立运作，各自依照自身的政策及规程运行。区域性 MLS 是多个地方性 MLS 的联合，地方性 MLS 可以自主选择是否加入区域性 MLS。区域性 MLS 集合了区域内所有加入系统的城市的 MLS 子系统的房源信息，区域性 MLS 向全部 MLS 子系统成员开放，因此，只要经纪人所在的 MLS 加入某一区域性系统中，该系统内所有的房源信息各经纪人都可以看到并成为销售者。

长期以来，美国房地产经纪人协会（NAR）组织建立的 MLS 系统是美国最大的区域性 MLS 系统，也是美国唯一的全国性 MLS 系统，其业务遍及全美国，拥有 1700 多个地方协会，在美国 54 个州和海外属地都有地方协会及 MLS 子系统，在 Realtor.com 上的房源即是全美各地的 MLS 汇集而来的。

二、MLS 的管理层级

MLS 是美国各地的房地产经纪人员为了业务发展的需要组建的，与政府几乎没有任何关系，因此，MLS 的控制权掌握在经纪人手中，各 MLS 由该区域的房地产经纪人协会管理。

美国 MLS 体系的管理框架分为三个层级：全国行业协会、各州行业协会、各城市行业协会。由于 MLS 体系涉及多个不同层级的行业协会和数以万计的经纪机构、经纪人，所以必须有一套统一的规范标准和管理所有会员数据的软件系统，因而由全国行业协会负责制定政策、调研与实施相关的技术。在制度上，MLS 由美国房地产经纪人协会制定一套规章制度和相关协议，中介机构按照既定的规章，与房地产经纪人协会签署协议，成为信息共享系统的会员。按照规章制度确定的模式，各会员经纪机构共享房地产供求信息、共同完成房屋的买卖、分享佣金。各州行业协会负责所辖区域内的行业规范管理。各城市行业协会作为会员数据的最初收集者，负责直接管辖不动产经纪机构、经纪人，而且控制并维护本地 MLS 系统的应用软件供会员录入、查询房产列表信息。美国所有的 MLS 会员数据都在 National Realtor Data System（简称 NRDS）中更新和维护。它将本地行业协会定义为会员数据收集的最初发起者，并颁发"数据接入点"身份，而三个层次的行业协会在 NRDS 中进行阶梯式权限管理，全国行业协会拥有最终解释权。

各州和地方性 MLS 的运行必须遵守美国联邦和各州的法律制度。NRDS 系统中的所有行业协会、不动产经纪机构、经纪人必须严格遵守全美行业协会制定的从业规则和政策规范，一旦出现违规操作，NRDSID（会员身份）将被暂停或取消。相关政策标准同样适用于所有参与的行业协会，一旦出现违规，该行业协会的职能将被剥夺，原有工作职责会被其他行业协会承接。

三、MLS 的技术管理

提供技术支持、维护网络功能和安全是各层次房地产行业协会非常重要的职能。加入 MLS 系统的各会员房地产经纪机构需要安装专门的硬件和软件，还要定期维护并提供信息安全保障。MLS 的网络技术支持可以外包给专业技术服务企业，也可以由经纪协会自身的网络服务部门担任。美国的房地产经纪人协会成立了自己的技术服务部门和技术研究部门，专职于 MLS 技术的实施和研发。

四、MLS 的收益

MLS 的收益主要来自于三方面：①使用该系统的会员缴纳的费用。MLS 对所有加盟的房地产经纪人员收取每月 40 美元的费用，如果按全美 120 万加盟经纪人，每人每年 480 美元计算，MLS 此项费用的年收入将近 6 亿美元。②整合房地产信息打包出售给各研究机构、大专院校。由于通过 MLS 成交的房地产数量庞大，而且有系统生成的标准化数据和历年积累的大量连续性数据，这些数据本身就成为各研究机构所需的资料，可以打包出售。③咨询服务，房地产经纪行业协会根据 MLS 获取的数据和交易状况，对美国房地产行业的发展状况和趋势进行分析，或者对某一或某类地区以及某种类型的房地产状况进行专题分析，还可以对房地产相关企业提供咨询服务，这些都能带来服务型收益。MLS 系统大多由房地产经纪协会委托给专门的企业运营，获取的收益根据合约在经纪人协会和委托经营企业之间分成。

第四节　MLS 对房地产经纪行业产生的影响

MLS 对房地产经纪行业运行模式和效率产生了巨大的影响。它提高了房地产经纪行业的整体运行效率，促使买卖双方能更快地匹配和成交；它改善了行业生态环境，房地产经纪人之间由纯粹的竞争关系转变为竞争合作关系，使行业生存环境更柔和。此外，MLS 大大增加了经纪人工作的自由度，增加了房地产经纪这个行业的吸引力。

一、MLS 的出现大幅提升了房地产经纪行业的运行效率

（一）MLS 中信息的收集与处理效率高

第一，MLS 的信息来源范围广，信息量大。所有的会员经纪人都是 MLS 的信息源，因而无论房源还是客源的信息量都是巨大的，信息量越大越吸引潜在交易者，也越容易形成匹配交易，因此，大大促进了市场繁荣和高效；

第二，信息处理效率高。由于实行独权代理，在 MLS 中没有重复信息，也没有虚假信息，真实房源使得使用者不会因搜索到大量信息垃圾而浪费时间；

第三，信息录入实行标准化。房源信息必须在接到委托 3 天以内上传，录入的内容也要按照 MLS 的标准核查后上传；

第四，根据交易双方提出的交易条件，计算机自动进入数据库搜寻匹配的房源或客户，并根据成交总额最大和用户满意度最高两个原则进行推荐，大大缩短了经纪人搜寻信息的难度，提升了配对速度。

（二）MLS 中经纪人的合作提升了经纪行业的运行效率

MLS 中，房源信息在系统中发布后，所有经纪人都可以参与销售，因此，带来了各个经纪人的客源，加快了房屋的出售速度。在非 MLS 中，经纪人之间的合作仅限于本经纪公司内部，而 MLS 突破了企业的边界，房源信息在所有加盟会员之间共享，合作扩展到所有加入该系统的经纪人成员，扩展了合作范围，弱化了企业边界的约束，这种大范围的合作大大提升了房屋出售的速度。根据统计，美国 MLS 中大约只有 5% 的房源是由提供房源信息的卖方代理人自己销售出去了，其余的都是由其他经纪人带来的客户销售出去的，这种合作实现了房地产开发商、经纪商和消费者的共赢。对房地产开发商而言，大大降低了销售成本，加快了资金回笼；对经纪商而言，提高了工作效率，真正实现了资源共享。而且，在 MLS 得到普及的情况下，房地产经纪机构不再主要依靠实体店铺吸引客户，大大降低了经纪企业租赁经营场所的成本，有了更大的利润和竞争空间；对消费者而言，节约了房地产交易中的交易成本，可以有更多选择。

（三）MLS 的高效运转还来自于客户在一定程度上的自我服务

由于需要房地产信息的客户可以进入 MLS 中自主查询有关信息，可以预做功课，心中有底，在和经纪人沟通时也能有更明确的意向，提高沟通效率。

可以说，MLS 实现了房地产信息的公开化、畅通化，而信息的公开化、畅通化必然推动房地产市场向成熟化发展。

二、提升了房地产经纪行业内的合作水平

在房地产经纪人之间仅有竞争关系时，由于佣金仅付给成功实现交易的经纪人，因此，经纪人之间非但难以合作，还会相互提防，在卖方市场下会紧守房源信息，在买方市场下又会小心看管客源信息，争取自己实现交易。而在 MLS 中，独权委托代理方式从制度上保证了作为房源信息获得者的经

纪人的利益，分佣制度保护了促成交易的销售经纪人的利益，因此该项制度鼓励和保护经纪人之间的合作关系。经纪人之间的合作不仅提升了行业效率，而且柔化了行内环境，使经纪人之间从冷冰冰的相互防备、零和博弈变成一定程度的开放交流、合作共赢的状态。

MLS不仅实现了跨企业的经纪人合作，而且，由于地方性MLS可以作为子系统加入区域性MLS、全国性MLS，甚至跨国MLS，在当今人员流动性大大增强的时代背景下，跨地区、跨国界的房屋买卖不断增加。因此，MLS可以增进地区合作乃至国际合作。

三、增强了房地产经纪人的工作自由度

由于使用MLS，房地产经纪人成为自由度很高的职业。首先，经纪人摆脱了工作的时空限制，只要有网络，在电脑或各种形式的移动终端上都可以进行信息录入、搜索、处理，并可以与其他经纪人和客户及时沟通，因此，经纪人无需总是按时按点到经纪公司的门店上班，可以随时随地处理业务。MLS的跨时空性打破了传统房地产经纪经营的地点、地域和工作时间的限制，网络的即时性又大大提高了信息收集和发布的效率。

由于经纪人主要借助于MLS开展业务，对经纪机构的依赖度大大降低，因此有能力的经纪人大多以独立经纪人的形式与经纪公司建立合伙关系，而不是经纪公司的雇员，还有很多经纪人是兼职。经纪公司的收入主要取决于加盟经纪人数量的多少，为了吸引更多经纪人加盟，经纪公司必须不断提升对经纪人工作的支持力度，比如加强培训、提升佣金分成比例、提供良好的工作条件等。

四、非垄断性

由于独权委托在一定时期内排除了其他人对同一套房源的挂牌权，而且

就世界范围来说，美国的佣金费率在6%～8%，是比较高的水平，有人认为MLS在一定程度上造成了垄断。2006年夏，在美国国会有关MLS被控构成行业垄断的听证会上，国会议员们对MLS目前的运行方式持肯定态度，认为MLS并没有构成行业垄断。理由是：首先，美国并没有统一的MLS系统，都是由各地的房地产经纪协会拥有的，他们分别属于不同的主体。其次，MLS对佣金从来没有统一规定，也没有所谓6%佣金率的规定，佣金都是由卖主和经纪人协商制定的。再次，MLS目前已经非常开放，谈不上封锁信息。

第四章 我国房地产经纪信息共享系统的发展

1998年,我国城镇居民住房的货币化改革全面启动。进入21世纪后,我国房地产市场步入高速增长和普遍繁荣,房地产经纪行业在进入21世纪后也随之迅速发展壮大。2015年后,越来越多的城市进入存量房时代,房地产市场交易中存量房的租售渐成主流。随着房地产市场的发展,我国房地产经纪行业的信息管理系统也经历了从无到有,再到成体系,进而发展成为信息平台的过程。但是迄今为止,并未出现MLS这样的系统平台,而是衍生出带有鲜明中国特色和网络时代特色的企业平台模式。

第一节 无信息系统时期

1978~1998年,我国房地产市场处于萌芽阶段。第三方交易主体尚未形成组织,经纪活动是以个人行为的方式开展的,介绍客户成交后就收一个红包。在这一时期,没有信息管理的需要,更没有信息共享的需要。

1998年后,我国城镇居民住房从单位分配、租赁居住,转变为货币购买、享有所有权,房地产交易开始在全国各地快速增长。作为房地产交易的伴生行业,房地产经纪行业初步发展,从无组织的个人行为进入零星户时期,初期的房地产经纪机构以无店铺经营和单店经营模式为主。无店铺经营是指经纪机构租用写字楼办公室或者工位，仅有办公场所，不设接待顾客的店面，靠广告与电话联络客户。单店铺是指经纪机构只有一家店铺作为接待客户的场所，在经纪机构发展的初期，很多公司采取办公场所和唯一的店铺合一的形式。在房地产经纪发展的初期之所以大都采用无店铺或单店铺的经营模式，是因为当时整个房地产行业市场规模有限，房地产经纪市场的容量更是狭小，减少经营和管理成本是房地产经纪公司生存的首要因素，无店铺和单店模式对资金的要求很低，风险较小。

由于该时期房地产经纪机构的规模很小、业务量小、人员少，一个公司只有一个或少数几个经纪人员，对信息管理的需求非常低，主要通过经纪人员面对面的交流，书面或者单机信息记录等形式进行内部信息交流和储存，经纪人员与客户的信息沟通主要通过电话、纸质文件资料等，没有建立信息管理系统。

第二节　内部信息管理系统初建时期

这一时期大约在 1999～2003 年。 随着我国房地产市场的发展，存量房交易逐步增加，住房二级市场成长起来。在房地产一级市场中，大量房地产开发商自产自销，自己组建销售团队，但是在存量房市场上，主要是分散的个体交易，对房地产经纪机构的依赖性非常高。

随着房地产市场的急剧扩张，房地产经纪企业的经营重点发生转移，业务扩张取代成本控制成为经纪企业发展的首要因素，房地产经纪机构开始小规模连锁，增加业务获取能力。于是，经纪公司纷纷走出写字楼，开始以多店铺连锁的方式经营，进入了小规模连锁经营时代。由于店铺数量增加，房地产经纪机构需要对各店铺实施统一管理，于是规模较大的经纪机构开始尝试建立内部信息管理体系，但此时网络在我国的普及程度还较低，只有少数经纪公司通过局域网建立了内部信息管理系统。据统计，2000年北京登记在册的房屋中介机构有477家，彼此之间几乎没有沟通和共享。[1]

第三节 MLS引入探索时期

随着交易量的增加和房价的快速提升，房地产经纪行业总量迅猛扩张，当行业规模足够大后，专业性程度成为行业竞争的焦点，而大规模经纪企业具有专业化方面的优势。在这一时期，我国的房地产经纪机构普遍进入连锁扩张时代，催生出了一些超大型房地产经纪公司，比如链家公司在北京房地产经纪市场中占据了半壁江山，与其他几个大型房地产经纪公司共同形成了垄断竞争的市场结构。

在我国房地产经纪机构中，链家公司成为行业龙头企业，链家地产的兴起改变了中国房地产行业长期以房地产开发企业为龙头的局面。自2001年诞生，链家地产仅用12年时间就在营业收入上追上了房地产开发企业的领军者——万科集团。公开资料显示，2013年，万科全年的销售额为1709亿元，北京万科的销售额为160亿元。而2013年，经链家中介成交的房屋交易总额也超过了1700亿元。从房地产经纪机构的数量上来看，这一时期北京市的房地产经纪机构总量在缩减，而公司的平均规模却在扩大，这表明房地产经纪行业进入规模制胜、不断整合的时期，大量小公司被挤垮、收购或者加盟到大型品牌公司中。

房地产经纪机构连锁发展的时期，也是我国网络大发展的时期，随着网络的普及，我国成为世界上网络普及率最高的国家之一。网络的普及给房地

---

[1] 景小倩.房地产中介何时踏入"e"时代？[N].国际商报，2000.7.3.第7版.

产经纪机构的管理和经营方式带来了巨变。从内部管理来看，为了便利信息沟通和统一管理，大中型房地产经纪公司普遍建立了信息管理系统，一些公司专门开发了适用于房地产经纪行业的管理软件，大大提升了管理效率和总部对各个分支机构的规范化管理。管理信息系统的一个重要功能是能够在公司内部实现房源信息共享，根据公司采用的是公盘制或私盘制，信息共享的范围有所不同。这一时期，房地产经纪行业的特点是店铺为王，经纪公司吸引客户的主要途径是不断开设新的店铺、散发各种纸质传单和宣传资料，在电台、电视台做广告等。

MLS引入探索时期大约在2003～2013年。这一阶段，房地产经纪机构在信息管理和共享方面表现出的特点为内部共享不断完善、外部分享仅限于信息发布。2000年，有些房地产中介公司开始自行设计房源数据库，不过这种数据库功能单一，除能查到仅有几十字的文字介绍的房源信息外，很难提供其他技术支持，即便这种功能单一的房源数据库，在我国的房地产经纪机构中建立者也寥寥无几。2005年之后，网络逐步成为我国城市居民获取信息的主要手段，甚至成为第一手段，对于以信息的收集、发布、匹配为本质的房地产经纪行业来说，需要建立一种吸引客户并与客户进行初期互动接触的网络平台，但是当时的房地产经纪公司并没有这种实力，于是纷纷和网络平台公司签订合作协议，经纪公司提供房源信息和线下经纪服务，网络平台公司则负责建立网站，发布房源信息，将客户引流到房地产经纪机构，通过这样的方式实现经纪公司和网络公司的优势互补。

2005年初，搜房控股集团总裁莫天全在中国房地产经纪论坛上发表的演讲中描述了当时我国房地产经纪行业信息化的状况，"第一，从房地产经纪企业和经纪人层面说，部分先进的机构有自己的信息管理系统，比如他们的房源管理、合同管理一直到成交管理的系统，但是绝大多数的企业和房地产经纪人应该说水平比较低，我们也有过调查，甚至于连计算机都没有的占一半以上，这是中国发展初级阶段的事实。第二，企业之间的信息和佣金共享几乎没有。21世纪的卢总讲到他们的内部成交占到相当大的比例，但是这个比例在行业里比较低，比如21世纪和世联之间几乎是没有信息共享的平台和渠道。第三，学会、协会或是政府信息极度不透明，特别是基础数据。第四，为经纪企业服务的独立服务机构很少。搜房网的体系是MLS的初级阶段，主要起到信息发布作用，把房源更快地发布到消费者那里。"❶

  在这个模仿、探索、尝试的时期，企业、政府、行业协会等不同类型的组织都曾经做了一些引入或建立房地产经纪信息共享系统的努力。一家名为"MLS网络科技公司"的企业曾致力于在我国推广MLS，该公司曾为北京上百家房地产经纪公司免费派发了MLSoffice软件，可以先实现对房源信息的存储和简单的交易管理，如果房地产经纪公司有扩大业务的需求，MLS网络科技公司还会为其提供后续的其他系统软件，并为其提供技术支持。一家名为"好邻居房产联盟"的公司也从1998年成立起就力图建立区域性的MLS，其网站上的公司大事记显示，2002年5月加盟好邻居（苏州）的房地产经纪网点超过1000家，2004年加盟网点突破2000家，业务范围覆盖苏州和上海的杨浦、浦东、普陀等区，2007年，该公司更名为C-MLS好邻居房产联盟网，但是2008年5月后，该公司网站便没有继续更新，也没有搜索到该公司的后续任何信息。2007年，由MLS网络科技公司主办、21世纪不动产公司协办的中国房地产信息化研讨会召开，300多家房地产经纪机构在会议上探讨互联网房源数据库的解决方案。虽然一些公司对于MLS在我国的传播做了大量工作，起到了一定作用，但是实际成效甚微，MLS在中国未能真正付诸实践。

  政府房地产管理部门被认为是另一个适合于推行MLS的主体。由于建立MLS系统，除了需要技术、资金外，前期的调研、信息收集、统筹以及系统建立后的普及、技术培训、系统维护等是个庞大的工程，而我国的房地产经纪行业组织本身发展还很薄弱，承担建立和推广MLS的重任有些力不从心，因此，有人提出"政府本身就是房地产中介行业的监管机构，又是非营利机构，在技术支持、资金、推广、培训等方面都比行业组织有更大的力量，由政府

---

❶ 莫天全.房地产经纪行业的信息化 [J].中国房地产估价师.2005（3）：59-60.

来做比较可行"❶。苏州从2007年开始推行二手房网上交易,公开挂牌,市区所有存量房出售或承购信息,必须经房管部门审核后,通过存量买卖网上管理系统公开对外挂牌,所有房产中介必须通过网络操作从事居间代理经纪业务,所有买卖契约和出售(承购)居间代理委托协议,也必须通过网上管理系统在线签订并及时备案;苏州市房地产市场管理处负责市区存量房买卖网上管理操作系统的建设和维护。上海市则自2006年开始执行存量房经纪合同和交易合同网上备案制度,经纪合同经网上备案后房源才可以对外发布。随后,全国多地房地产管理部门均采取了这种管理方式。在《中国房地产估价师与房地产经纪人学会2011年年会论文集》中收录了深圳市房地产经纪行业协会的一篇文章《基于MLS的跨平台房地产数据模型对城市经纪业务格局的提升与革新》,文中介绍了深圳市MLS系统自2010年5月1日正式上线后,受到了政府部门、行业协会和社会公众的普遍关注,截至2011年,共导入已备案经纪人及经纪人协理数据25900条,验证房源11771次,全市经纪机构经纪人员录入房源36571条,访问次数286544次。❷

有人认为政府这种管理方式也是MLS的一种形式,但是显然二者的本质和目的是不同的,这种管理系统的根本目的是为了保障房源的真实性和交易过程的规范性,其意不在房源信息共享。从政府管理系统的实施效果来看,也和MLS大相径庭。以苏州为例,实行网挂交易后,一些经纪机构担心被竞争对手抢走房源,通常是确定交易或者买卖快要成交时才进行网挂,之后立即办理过户手续。还有一些小经纪公司根本不挂牌,以"自主成交"的名义瞒天过海。在不能确保房源提供者利益的情况下,大小企业都小心翼翼地"守着各自的房源,顶着租金、员工等各项成本的压力在二手房市场艰难竞争。"❸这种情况并不是苏州的个例,凡是政府管理部门实行网挂成交制度的地方,

---

❶ 赵胜、黄昕.探索MLS系统及独家代理制度在我国的建立[J].中国房地产.2011(5):66-68.

❷ 深圳市房地产经纪行业协会.基于MLS的跨平台房地产数据模型对城市经纪业务格局的提升与革新[C].中国房地产估价师与房地产经纪人学会2011年年会论文集,358-363.

❸ 赵胜、黄昕.探索MLS系统及独家代理制度在我国的建立[J].中国房地产.2011(5):66-68.

经纪机构都是紧卡政府规定的房源公示的最短期限，然后立即成交，这显然不是 MLS 所希望达成的共享信息和利益的本意。

这一时期，由于人们意识到信息共享在房地产经纪行业发展中的必要性，国内也涌现出很多号称中国化 MLS 的房地产经纪网站。但是，在房源甚为紧俏、房源为经纪公司致胜关键的背景下，房地产经纪公司不愿意将房源信息和销售信息放到网站中成为共享资源。"一些知名的网站为了能够从传统的经纪公司获取房源和客户等交易委托信息，手段五花八门，可以说无所不用其极。比如笔者所在的广州市，互联网经纪公司让员工假扮客户到传统经纪公司套取房源资料已经司空见惯；拿钱从传统经纪公司的员工手中购买信息资源也已成行成市，价码清晰；更有甚者，个别互联网经纪公司甚至让员工上演'无间道'，扮求职者到传统的中小经纪公司应聘，获得信任后将中小公司历年积累的信息资源全盘拷贝。"❶

第四节　房地产信息共享系统创新萌芽时期

这一时期是 2014 ~ 2017 年。2014 年，我国房地产市场供求结构出现拐点，开始从卖方市场向买方市场转变，房地产交易陷入低迷，竞争更为激烈。房地产经纪公司面临着巨大的成本压力，希望从各个方面压缩经营成本，于是向网络平台公司提出了降低服务端口费的要求，但是协商未果，网络信息平台公司非但没有降低端口价格，反而进一步提价。于是以网络端口价格为导火索，经纪公司和平台公司之间爆发了激烈的商战，最终以多家经纪公司和最大的房地产信息搜索平台搜房网解除合作为终结。2014 年 5 月，全国多地中介公司结束了与搜房网的信息发布合约。5 月 29 日，杭州 9 家垄断了当

---

❶ 徐斌、廖俊平. MLS 的核心运营机制与中国互联网经纪未来发展 [J]. 中国房地产.2016.9：26-30.

地市场80%以上二手房源的中介公司集体下架杭州搜房网的所有房源，同一天，重庆10家中介机构也结成联盟，向搜房网提出了约束涨价行为和竞争手段等要求。2014年下半年，链家地产和我爱我家两家大型房地产经纪公司都停止了与搜房网的合作。

链家地产、伟业我爱我家等大型经纪公司在2014年和搜房网解除合作前，已经开始自建网络信息平台，在和搜房网结束合作后，更是大笔投资于网络平台建设。自2014年10月24号链家地产与搜房网宣布分手之后，链家地产将旗下的线上平台"链家在线"更名为"链家网"，并宣布链家网平台开放，提升经纪人佣金分成，吸引其他经纪机构和经纪人加入。我爱我家则把省下来的广告费、端口费，用于打造自己的网络平台。思源经纪大幅降低佣金率，吸引客户。2014年前后也是多家经纪电商进入房地产经纪领域的时间节点，经纪电商的杀入意味着竞争加剧，竞争手段升级。一些新进入经纪行业的电商为了开辟市场，提出1%佣金率，甚至零佣金，在房地产经纪行业掀起了降价浪潮。

而失去大型经纪公司房源的信息发布平台公司也在进行一系列被称为"去媒体化"的改革，正在从"资讯媒体平台"走向"交易大平台"，向实质性的房地产经纪电商转变。搜房网的业绩考核方式变为考核通过搜房网中介成交的房屋数量和交易额，奖金也以获得佣金的数额为基数计算。搜房网与房地产开发商之间的收费模式也发生了改变。以前是由搜房网负责楼盘的网络广告宣传，然后按照事先商定的比例在销售额中提取收益；现在，付费模式改为按照售房的比例来支付。搜房网由于线下部分空虚，则不断从其他公司吸引经纪人充实线下服务能力。

在创新萌芽期，我国房地产经纪行业的信息共享系统主要有两种表现形式：一是链家网的开放平台形式；二是一些电商开发的经纪服务产品。

2011年，链家地产开始做公司自有的网站"链家在线"，经过一段时间的发展，由于受到公司原有组织框架、预算等条件的限制，公司将互联网部门与链家地产分离，成立了独立的网络公司，办公地点也搬到了互联网人才集中的西二旗,"链家在线"采用的是"内部管理系统+信息发布平台"的运行模式,"链家网"从内部网变成开放平台,吸引其他经纪机构和经纪人员加入链家网。2015年3月13日易家地产正式接入链家平台,成为第一个整体接入链家平台的经纪机构,易家地产长期深耕门头沟市场,在门头沟区域具有较高的市场占有率。2015年3月,链家公司在北京市场上拥有了85%的在售房源。这就意味着,一个经纪人员只要加入链家网,就可以销售8万套左右的房屋,而一个经纪人员如果有一套房源,就可以和北京几十万的购买人建立连接。每一个加入者都可以从链家网的平台受益,平台原有的成员也因新加入者而受益。链家网的运作模式具有O2O的线上线下联动效应,其房源信息中约90%~95%仍然依靠经纪人线下获得,在与购买者取得联系后,后续服务也依靠线下完成,从这点上来看,似乎链家网和之前搜房网起到的作用基本相同,起到了信息发布平台的作用,但链家网力求建立的是交易平台而不是信息发布平台。

作为交易平台,给使用者(包括经纪人和客户)提供的不是静态资料,而是动态信息。对于购房者来说,其利益获得保证的先决条件是信息的真实性,链家网首先做到真房源,链家建立的"楼盘字典"——为北京所有已建成房屋编制了唯一的编码,颗粒度可以细化到每个房间。为了提高成交效率,链家网提供了"痕迹管理"和经纪人"标签化"的服务。所谓痕迹管理是指用户在链家网看了哪些房子、看了多久、收藏了哪些、有哪些分享动作等都可以被链家网捕捉并记录,这些数据等于向经纪人提供了用户的需求意向的"画像"。此外,顾客在链家网或链家的APP上可以看到一套房屋被带看了多少次,第一次带看是什么时间,业主调整过几次价格。这些痕迹管理使经纪人和需求者都掌握了更多、更详细、更准确的信息,显然能提高撮合效率。在和搜房网合作的时期,单纯的信息平台无法提供不同公司经纪人之间的合作,即便在"链家在线"时期,链家公司的经纪人之间合作亦不够充分,因为很难建立互信,而链家网通过对经纪人的标签化管理,鼓励经纪人之间多分享、多合作。在链家网上,每一个经纪人的信息分享动作都会被记录并作为积分累计信用等级,信用等级高的经纪人显然会有更多的合作机会。对经纪人的标签化管理不仅是简单的好评、差评,而是更为丰富的记录,比如客户对经纪人的服务如果不满意,会切断与这个经纪人的联系,这个动作会被系统记录,经纪人的标签数据也会相应修改。

加入链家网的经纪人不限于链家地产的员工,凡是接入连接平台的经纪公司和经纪人员都成为链家网成员。因此,链家网即具有了共享信息系统的性质。

信息共享系统的另一种形式是一些电商开发的经纪服务产品。2014年以来,一些电商推出多种新型的基于网络的产品类型,如平安好房的"e房钱",其中隐含了行业信息共享系统的雏形。2015年3月26日,平安好房正式发布二手房业务,同时推出全新的互联网房地产金融产品"e房钱"。依据现有经纪业务的流程,在二手房交易中,从房源挂牌到交易完成,要经过一个多环节的漫长过程,房主常常要等半年以上才能拿到全部房款,房屋资产的流动性较差,难以快速变现。而e房钱提出"你要卖房,好房先给钱"的服务,只要房主独家委托平安好房售房、手续齐全的话,通过e房钱当天就拿到最高达30%的房款,并享受90天免息。为了保证业主的房子能尽快成交,平安好房通过专属的移动互联网平台——好房拓——将房屋信息传播到北京市数万名经纪人手中,这样就打破了企业之间的信息壁垒,用最快的速度帮业主出售房屋。这一新业务对于大量有改善住房需求的业主是非常具有吸引力的,因为他们常常面临着原有住房尚未出手而需要交付二套房首付的困境,e房钱90天免息的30%预付房款则解决了这些房主的难题。从其业务流程来看,"好房拓"即是一个信息发布平台,能将房源信息发布给不同经纪机构的经纪人,加速了房源的出售速度。平安好房自身没有经纪人,依靠互联网招揽房源,再依靠各经纪公司的经纪人员进行销售。因此,"好房拓"的本质仅仅是行业共享的房源发布系统,还没有成为行业信息共享系统。

房地产信息共享系统创新萌芽时期的显著特点是经纪公司和网络平台公司结束专业化的分工合作,各自向对方的领域渗透,在公司内部形成更加完备的线上线下兼具的经营系统。一方面，可以控制房源信息，在公司内部展开更好的合作；另一方面，形成公司在领域的全产业链，可以更好地控制成本，在不同的环节调节利润，增强竞争力。这些变化都加强了行业中的优势劣汰，同时也带来了原有格局的破坏，在一段混乱的竞争之后，逐步形成新的格局。可以说，移动互联网的快速兴起带来了人们信息获取渠道的迁移，也迫使房地产经纪公司主要依靠店铺扩张的时代已经结束，竞争焦点集中在了线上客户吸引和交流，线下经纪人的高效人性化服务。

从专业化分工协作的角度和信息经济的角度来看，各类房地产经纪公司各自为政实现自我功能完善，这虽然是企业在激烈竞争形势下做出的理性选择，但是从某种意义上说这种做法是一种倒退。企业各自投资建立自己的信息平台，本身是一种重复建设，投资浪费；在政府进一步严格执行一套房源只能在一家经纪公司挂牌政策的情况下，各家公司的房源信息都会减少，降低了交易成功的概率。行业的发展必然顺应提高行业整体效率的大趋势，房地产经纪企业遍植藩篱、独善其身的弊端会逐步显露，随着竞争的进一步加剧，企业将主动寻求破局之策。因此，房地产经纪企业自成一体、重复建设、只竞争不合作的状态必然会打破，在经纪公司、经纪人、经纪公司和信息公司之间形成一种新的竞争合作态势。

第五节　房地产信息共享平台创立时期

2018年是我国房地产经纪信息共享系统发展历史上最重要的一年。2018年4月，贝壳找房正式发布了链家CEO彭永东的公告——《贝壳找房CEO给伙伴们的一封信》，宣布发布链家网的升级版"贝壳找房大平台"。贝壳找房大平台正式上线，真正开启了中国房地产经纪行业的跨企业信息共享。运行至今，贝壳发展态势良好，从2019年4月23日贝壳公布的成立1年成绩单来看，贝壳找房业务覆盖已达 98 个城市，160 个经纪品牌加入，20 万名经纪人加盟。贝壳找房平台对于中国房地产经纪行业来说，不只是一家新企业的崛起，更重要的意义在于突破了中国房地产经纪企业间的信息藩篱，第一次实现了跨企业的信息共享和业务合作。

贝壳通过一整套机制，实现了平台加盟企业间的信息共享、分工合作、收益共享。对于房源信息，贝壳平台实行首家录入制，即第一个按照平台标准录入房源信息的经纪机构的经纪人员，即成为房源端，杜绝平台上的重复信息。对于经纪人员之间的关系，贝壳采取了 ACN 合作网络，其核心在于，把整个服务链条细化，然后根据经纪人员在各个环节的贡献率进行分佣，从而使分佣机制趋于均等。具体而言，房源端可细分为录入、维护、实勘等；客源端则分为带看、成交和金融服务等，每一位参与人员都能够在交易中分得一杯羹。经营方面，贝壳平台对商家开放 SAAS 系统，从房源管理、客源管理、工具管理及移动管家等方面提供服务。对于已建有系统、具备数据对接能力或使用第三方系统的商家，贝壳也可以通过 OPEN API 实现数据对接和信息同步。通过这一整套制度，跨企业信息分享和合作得以推行。目前，贝壳平台上成交的房屋交易中，七成为跨店成交，1 单交易最多由 13 个经纪人员协作完成。

贝壳找房平台是目前我国出现的唯一的实质性房地产信息共享体系，它的发展势头强劲，虽然对其长期的经营状况尚不能下结论，但是无论其成败，都会对我国房地产经纪行业产生深刻影响，而且自此信息共享端倪一开，即便先驱失败，也必然会有其他信息共享平台会后继。

第五章 我国房地产经纪行业引入MLS的条件分析

美国的 MLS 体系是成熟而完善的房地产经纪信息行业共享体系，而且已经发展成为被行业广泛接受的严谨而先进的行业准则体系和经营管理模式。MLS 对房地产经纪行业发展的促进作用显著，引来多国效仿，已经被成功地引入英国、澳大利亚、日本、新西兰、新加坡等国家，被多国房地产经纪行业验证是一套高效而有序的行业运行体系。那么我国是否适合引入 MLS 呢？

第一节 我国引入 MLS 的有利条件分析

一、房地产经纪人对建立跨企业信息共享系统的渴望

笔者曾在 2014～2015 年，对北京市的房地产经纪人员进行过随机访谈和小型问卷调查，在接触到的 317 位经纪人中，有 257 位明确表示希望建立行业信息共享系统，占比达到 81.1%。他们认为建立行业信息共享系统的必要性在于：①能够破解单个企业房源有限的难题。无论企业多么强大，都不可能将房源信息一网打尽，会因为房源信息的限制失去交易机会，信息共享可以使每个经纪人获得房源信息最大化；②通过和其他机构的经纪人合作可以提

高成交率。每个经纪人都有自己熟悉的区域和擅长的工作,有些人善于争取房源,有些人善于销售,有些人非常熟悉某个小区的情况,有些人长于把握某些类型客户的心理,信息共享系统可以实现不同企业的经纪人之间的分工协作,把每个人最擅长的部分发挥出来;③经纪人员之间可以就佣金分配比例进行谈判,可以根据房屋销售的难易程度确定不同的分成比例,更加合理;④通过信息共享系统可以规范经纪公司的竞争行为,整顿经纪行业秩序。当前,房源在不同经纪机构间重复登记,浪费了大量的人力获取、实勘、核查、整理、录入进行重复性的工作,导致经纪效率降低,同时,委托人跳单的现象也很普遍,使大量经纪人的劳动成为无效劳动。而信息共享有利于解决这种恶性竞争导致的混乱,通过独权委托避免重复登记,通过信息共享消除零和博弈,实现利益共享;⑤信息共享相当于做大了所有人的信息源,有利于寻求合适的交易对象,提升整个行业的效率;⑥移动端的 APP 可以保证经纪人随时随地查看交易情况,方便实用;⑦信息共享系统是一套综合管理系统,能提高整个行业运行的规范性;⑧信息共享系统对于打击虚假房源和重复房源非常有效;⑨有利于经纪公司之间从低水平的信息抢夺走向高水平的优质服务竞争;⑩能够减少企业竞相开设门店的费用,降低经纪公司的运营成本,可以将节省的费用用来提高经纪人的分成比例或者对经纪人提供更多的培训和支持活动。

二、大型房地产经纪公司已经建立了内部信息共享系统

从全国来看,大型房地产经纪公司普遍都已经建立了内部的信息共享系统。以北京为例,链家、我爱我家、麦田、中原、21 世纪,这 5 家房地产经纪机构有 3 万名左右的经纪人员,占北京市全部经纪人的 50%~60%,占市场房源信息量的 80% 以上,这些大型经纪公司均已建立内部信息共享体系。这些企业的内部信息共享系统为行业系统的建立提供了良好的基础,可以直接作为一个个子系统。从理论上讲,行业信息共享系统可以将这些企业内部

系统通过某种方式联系起来，形成彼此兼容互通的网络。

三、小型经纪公司对信息共享有较强烈的需求

在笔者随机访谈涉及的 76 家经纪公司中，尚有 20 家没有建立内部信息共享系统，更遑论自建网络平台了。因此，在北京市房地产经纪行业的竞争中，大企业都占据了更长的产业链，而大多数中小型经纪公司无力承担，或者由于规模较小，建立内部信息管理系统或发布平台不能带来显著的经济效益。因此，小型经纪公司仍然依赖传统的管理方式，没有引入类似于 ERP 之类的内部管理平台，有些即便了建立了自己的内部信息管理系统，但是房源信息仍主要依靠传统的店铺接待、电话、熟人、社区宣传等方式自我获取，信息量有限，对外发布信息也主要依靠网络公司的平台。受到人力和资源的局限，小型经纪公司房源信息有限，有信息共享的需求。

四、经纪人员普遍具有网络应用能力

作为一个 21 世纪后才快速发展起来的行业，我国的房地产经纪行业从业人员呈现出显著的年轻化，这与西方国家房地产经纪人员平均年龄较大有明显差异。当前北京市经纪人员的主体为 30 岁以下的年轻人，计算机、网络、移动终端已经成为生活中不可或缺的组成部分，因此，对于行业信息共享系统的应用仅需简单培训，经纪人员即可熟练掌握使用方法，推广成本较低，不会遭受使用者的技能瓶颈制约。

五、行业内普遍认识到信息共享系统有利于资源充分利用

从我国房地产经纪行业的实际运行来看，大型经纪公司拥有大量的房源信息，然而由于种种原因，一些房源的实际交易并没有在大企业发生，而大

量中小房地产经纪公司由于房源有限,不能充分发挥经纪人员的能力。由于资源的错配,从整个市场来看,会导致一些交易推迟甚至取消。以链家地产为例,该公司在 2014 年前后登记有北京市 80% 左右的房源信息,而成交量仅占北京地区市场成交量的 50%。而一些中小型经纪公司,特别是处于较为偏远位置的店铺,往往占据地利优势,经纪人员长期在该区域内精耕细作,对该区域的房地产情况相当了解,但是由于缺乏管理网络和信息平台的支持,导致信息曝光不充分,没有充分的客源,人员常常闲置。如果能建立行业信息共享系统,则可以使大小企业的资源以及不同经纪人员的能力都更充分地发挥作用,提高整个经纪行业的运行效率,提高整个行业获取佣金的能力。

六、房地产经纪行业利润下行的压力

2014 年,房地产经纪行业的竞争形势出现显著变化:一是大量企业涌入;二是价格竞争加剧;三是限购政策的普遍推行导致房地产交易量下降。竞争压力的不断增大会迫使经纪企业寻求突破和创新。

1. 大量潜在竞争者进入房地产经纪行业。房地产经纪行业的快速增长引来了投资者的关注,多家包括网络媒体、代理公司、开发商、渠道企业等,他们或出于困局中求变,或出于对经纪行业前景的看好,纷纷在房地产经纪行业布局。潜在竞争者的大量涌入使原有经纪企业在低迷的市场背景下倍感压力,因而也奋力创新求变,比如链家打出了"提高经纪人分佣,开放链家平台"的口号,采取无店铺经营的 Q 房网则把经纪人分佣比提高到 85%。作为房地产经纪行业领军者的链家地产其分佣率也从 30% ~ 50% 提高到最高限为 70%,提高分佣率的同时,链家取消了固定底薪,这也说明在行情低迷时,大量经纪人的底薪已成为企业沉重的负担。

2. 价格竞争成为主要竞争手段。2014 年 8 月,政府放开房地产经纪行业服务的最高限价,企业间的价格竞争随后展开。搜房网、思源经纪等提出佣金减半,房屋买卖的佣金率从当时例行的 2.7% 降到 1.5%,租房的佣金减半征收，爱屋吉屋则将佣金率降到1%，平安好房甚至提出零佣金，尽管这些提出降价的房地产经纪机构大多为新入行的企业，或者在存量房交易领域业务量较少的公司，在市场上竞争力弱，市场占有率低，不会在短时间内对行业收费水平产生显著影响，但是，这种做法能产生较大的社会影响，带来消费者的降价心理预期并增强议价筹码，在一定时期内引发房地产经纪行业的佣金率进入下行通道。在激烈的市场竞争中，率先降价的企业可能提高市场占有率，而一旦行业平均佣金率下降，行业收益总额将大幅缩水。北京市政府对房地产经纪行业的佣金率的最高限定从3%，降到2.5%，又于2011年降到2%，而大型经纪企业之所以维持在2.7%，是包含了一些代办服务在内的综合收费率，但是，当行业中有企业将降价作为主要竞争手段，并成为一种风气，那么大企业的高收费率必将难以维持，行业收费会进入降价通道中，这也迫使经纪公司在行业利润空间进一步压缩的情况下，只能靠降低运行成本、提高运行效率来求得生存。

3. **2014年我国房地产市场陷入低迷，房地产经纪行业也随之低落。** 2014年我国房地产销售面积显著滑坡，房地产库存大幅增加，部分城市房价下跌。该年新建商品房销售面积12.1亿平方米，比2013年下降7.6%，待售面积6.22亿平方米，创历史新高，不仅新建商品房市场销售不畅，二手房市场也由于交易成本过高，抑制了改善性住房的需求释放。房地产市场的低迷造成房地产经纪行业随之落入低谷。

第二节　我国引入MLS的不利因素分析

一、推行MLS的前提条件不充分

推行MLS有一个重要的前提条件是在委托人和房地产经纪机构之间实行

独权委托代理。这一重要前提在我国并不具备。我国房地产经纪行业中,在新建商品房领域实行代理形式,在存量房领域中主要是居间的形式,而且是开放委托,无论是房源还是客源,委托人都抱着货比三家、多跑多看多条路径才不吃亏的心态,委托多家经纪机构,最终在哪家成交,就向哪家经纪公司交纳服务费,在多家都达成交易的情况下,则选择经纪费用最低的公司实现交易。

在代理关系中,经纪人代表的委托人非常明确,权利和义务都在代理合同中明确界定。由于在 MLS 背景下,出现了房源挂盘经纪人和销售经纪人的分离,一些买方客户常常误以为销售经纪人代表买方的利益,为此,美国各州都出台了法律,要求经纪人必须书面或者是口头向买方表明自己的身份和所代表的利益方,近年来,甚至出现一些呼声,要求专门设立买方代理人,以明确经纪人的角色和责任。而在我国房地产经纪活动最为活跃和渗透率最高的存量房交易市场上,委托人与经纪机构的关系为居间,居间活动中,经纪人"一手托两家",只能从中牵线撮合,不能代表任何一方的利益,但是由于常常代表对方传话,因此在交易者眼中,经纪人似乎都是代表对方利益的,排斥戒备心理比较强,经纪人员也常常陷于无法同时为双方争取利益的尴尬境地。

虽然我国的房地产管理部门和经纪机构长期以来一直在推动我国房地产经纪的委托关系从居间变为委托,也推荐权责清晰的独权委托,但效果不佳。原因主要有以下几方面:**一是社会认知对房地产经纪的普遍误解**。从历史上看,自唐宋之后,经纪行业在中国的职业形象不佳。1949 年后,更是把房地产经纪公司作为买空卖空的"皮包公司",把房地产经纪人员作为不创造任何价值的剥削人员,因此,房地产经纪行业还需要相当长的时间来扭转人们的陈旧观念和刻板认识。**二是消费者认为通过多家委托才能确保自己的利益**。我国房地产经纪行业 21 世纪初进入大发展阶段,增长速度过快,无论是经纪人员的业务水平、职业道德规范、企业竞争的合法性,还是行业自律以及国家管理制度的完善度,都有待提高。有关经纪公司违规甚至欺诈行为的报道时常见诸报端，前些年一些经纪公司负责人携款潜逃的事件也屡见不鲜。由于行业信誉低、形象差，房主在与经纪公司和经纪人员交往的过程中为了避免利益受损，出于自我保护的目的，不仅"货比三家"，而且在经纪公司之间设置竞争机制，实行开放式委托，即同一房源在多家经纪机构挂牌，哪家机构先卖出，即获得全部佣金；房屋购买者更会在不同的经纪公司寻求合适的房源，由于同一房源在多家经纪公司均有挂盘，购买者会比较交易条件、佣金费用、服务水平等，选择总体费用最低、便利度最高的经纪机构成交，但由于交易安全性属于隐性因素，很多交易者并未充分考虑。开放式委托导致经纪人之间产生两次竞争：第一次是房源竞争，说服房主同意在本公司进行房源信息发布；第二次是销售竞争，只有卖出房子的经纪机构和经纪人能获得佣金，其他经纪人的努力都成为沉没付出。由于经纪人之间的关系是零和博弈，因此在竞争中采用各类手段以独享收益，有些违规违法，有些则是利用信息不对称的掩护向交易者发送虚假信息。对房屋购买方来说，由于房源在多家经纪机构重复登记，降低了搜寻效率，他们需要和多位经纪人就同一房屋沟通谈判，靠多方获取信息并加以参照比对来辨别信息的真假，提升了交易成本。

三是房地产经纪公司的隐蔽性独权委托合约增加了消费者的心理抵触。在开放式委托中，客户跳单的现象时有发生，为了避免销售成本付诸东流，经纪公司常常引导客户签订一些隐蔽的独权委托合同，比如在看房确认书中设置一些实质为独权委托的条款，隐蔽地对委托人的权利进行限制。客户在不知情或不完全知情的情况下在一些单据上签字，这些单据就成为客户跳单后经纪公司法律诉讼的证据。这些经纪机构预设的"陷阱"常常将客户置于不知所措且非常愤怒的境地，因而，更加抗拒独权委托。近年来，为了保护消费者的利益，法院在判决中对于经纪公司此类情况下要求客户赔偿的要求不予支持，甚至对于明确签订的独权委托合同也以保护消费者利益的理由做出不支持经纪公司诉求的判决。

没有独权委托就无法判定一定时期内房源信息的来源，在交易达成后，无法实现销售经纪人和房源经纪人之间的利益分享。因此，没有独权委托

MLS 就失去了运转的基础。

为此，房地产经纪机构只能采取一些特殊的方式吸引房主接受独家代理，同时避免在发生纠纷时陷入被动。一些经纪机构会和委托人签订 VIP 协议，承诺为委托人提供特殊服务，或者签订含有对价条款的合同，比如承诺在一定时期内以一定的价格达成交易，并向委托方支付一定数额的保证金，如果经纪机构未能如约招到合适的对象达成交易，则保证金归委托方所有。还有一些经纪机构用一些优惠政策获取独权委托，比如 2014 年平安好房开展了一项业务，只要房主将售卖的房屋独家委托给其代理，即可获得房价 30% 的预付款，并且 3 个月内免息，以增强对客户的吸引力。

但是总体而言，独权委托的房屋在房源总量中仅占很少一部分，而且需要房地产经纪机构额外付出代价，某种程度上进一步提高了运营成本。

二、现行的政府官网独家发布不能取代独权委托

为了提高房源信息的真实性，同时为了规范行业秩序，打击虚假房源，我国大部分一二线城市房地产管理部门都对房地产交易实施了严格的管理，其中的一项重要措施就是要求房地产经纪机构必须在政府规定的网站上录入房源信息，经审核后公示一定时间才能完成网签。例如北京市的做法。

前些年北京市住建委投诉平台不断接到关于二手房交易环节的投诉，诸如中介机构公布虚假房源信息、冒充个人骗取房源、不按约定办理房屋过户手续、所购房屋产权不明确等，针对上述问题，政府建设了一个服务平台。2013 年 2 月，北京市住建委、央行营管部联合印发《关于做好存量房交易服务平台扩大试点工作有关问题的通知》（以下简称《通知》），要求自 2013 年 4 月 1 日起，北京市存量房交易服务平台的应用扩大到西城、海淀、丰台等 11 个区县。按照《通知》规定，11 个试点区县中拟上市交易的房源，必须先由区县房屋行政主管部门根据房屋登记簿或权属档案核查确认房屋物理状况、权属信息等，核验通过并赋予唯一核验编号后，方可在服务平台进行房源发

布、网上签约、转移登记等后续手续。对违反《通知》规定的房地产经纪机构及人员要责令限期改正，并记入信用档案；情节严重的依法从严查处，暂停网签，并向社会公示。《通知》规定同一套房屋只能委托一家中介机构申请核验。未经房主书面授权委托的中介机构，不得对外发布该房源信息，不得居间、代理销售该房屋。

从《通知》内容我们可知，这种"同一套房屋只能委托一家中介机构申请核验"的规定只是政府对于网签的一种管理方式，这一规定目前只能保证由一家经纪机构率先在政府的网签平台上登记并公示，并不等同于保证经纪机构对外发布的房源信息是独家代理。从相关文献上对于上海、深圳、广州、苏州等地的描述中，我们可以看到各地政府对房地产交易网上签约房源信息公示的管理是类似的。可见现实中，我国房地产经纪市场上仍然是以开放式委托为主流，无论卖方还是买方，都会与多家经纪机构接触并登记信息，最先促成交易的经纪机构获得佣金。

三、房地产经纪行业协会力量薄弱

在 2011 年 4 月 1 日颁布实施的《房地产经济管理办法》中指出，房地产经纪行业协会应承担起建立和维护运营房地产经纪信息共享系统的职责，但是目前我国尚未有任何地区的经纪协会建立了真正的房地产经纪信息共享系统。

由于计划经济的传统，我国很多行业协会都是在政府扶持下建立起来的，虽然多次历经政府和协会脱钩，但是，行业协会和政府脱钩并不意味着协会为企业服务能力的生成，很多协会既失去了政府的依托，也没有找到为企业服务的适当路径。同时，在人力资源、物资资源等方面，很多行业协会也严重不足，难以承担起建立和推动 MLS 的重任。

1994 年组建的上海市房地产经纪人协会是我国第一个正式成立的地方性房地产经纪人协会，系伴生于行政体制的组织，在人员编制、干部任职等方

第五章 我国房地产经纪行业引入 MLS 的条件分析

面受到较多利益干预，并不能在房地产市场中独立发挥资源整合、信息共享等作用，难以成为凝聚社会力量的治理主体❶。北京房地产中介行业协会由北京市具有从业资格的房地产经纪、咨询机构、经纪人自愿联合发起成立，是经北京市社会团体登记机关核准登记的非营利性社团法人。协会接受北京市住房和城乡建设委员会、北京市民政局的业务指导和监督管理。其网站上显示的业务范围是：

（1）在政府主管部门的指导下，宣传贯彻房地产经纪、咨询行业管理的法律法规、方针政策，拟定房地产经纪、咨询行业标准、行为规范和自律准则。

（2）围绕房地产经纪、咨询行业改革和发展的理论、方针、政策开展调研，及时向政府反映行业要求并提出建议。

（3）加强与新闻媒体的合作，收集传播国内外房地产经纪、咨询行业信息，编辑出版行业刊物、书籍、资料，组织行业学术交流活动，为会员单位的发展提供服务。

（4）组织与国内外和我国港澳台地区行业组织与民间团体的友好往来活动，开展经济技术及学术等方面的合作与交流。

（5）组织房地产经纪、咨询行业的业务、技术培训和继续教育，提高行业整体素质。

（6）承办政府主管部门交办和授权的房地产经纪、咨询行业资质管理、经纪人注册管理等具体工作及其他委托办理的事项。

（7）加强会员的行业道德和执业纪律的教育，并进行检查监督，提高行业的品牌意识，树立行业的良好形象。

（8）根据需要开展有利于本行业发展的其他活动。

对北京房地产中介行业协会的业务内容进行归纳，其职能主要为以下几项：拟定行业标准和自律准则、与政府沟通、对外交流、培训与继续教育，虽然为会员单位的发展提供服务，但是就目前的人员和实力来说，北京房地产

---

❶ 贾媛媛. 大数据时代房地产市场信息化治理的法治路径 [J]. 经济与社会发展, 2017 (4)：32-40.

中介行业协会并不具备组织北京市的186家会员单位建立并运行MLS的能力。

四、房地产经纪机构对MLS的态度不一

不同规模的房地产经纪机构对待建立行业信息共享系统的态度有差异。中小型房地产机构对共享信息的渴望度更高，因为这些企业店铺少，在开店制胜的时代处于劣势，房源信息不足，期待通过这个系统改变信息资源的劣势。而大型房地产经纪机构的态度比较矛盾，一方面，他们自身建有房源共享系统，而且房源占有率高，甚至形成了某种程度的垄断，因此，加入其他信息共享系统的积极性较低。大型经纪企业为了占领市场，大量开设店铺、招收经纪人员，花费了大量成本，如果并入更大的系统，则意味着将自己搜集的房源分享给其他企业，担心得不偿失。另一方面，大型房地产经纪机构自身建立网络已经花费不菲，但各企业所用的软件不同，系统设计差异也比较大，这意味着各系统或许不能兼容，需要改造甚至被废弃，这有可能造成企业原有的信息系统投资的浪费。

此外，行业信息共享系统的建立将削弱房地产经纪机构的作用而增强经纪人员的个人影响力，这是目前聚集了大量优秀经纪人员的大型经纪机构不愿面对的。但是，经纪信息共享系统的构建也可能带来交易成功率的提升，使大企业的服务范围更广，同时，可以减少店铺，降低经营成本。

五、经纪人员对分享佣金制度信心不足

在和房地产经纪人员的接触中，他们在对信息共享系统表示渴望的同时，大都对一个问题深感疑虑，就是佣金分享是否能够公平合理地实现。在紧护房源、相互防备的背景下成长起来的经纪人员，公司内部不同店铺之间的合作都比较少见，更遑论跨企业的经纪人员合作了。而且大家普遍担心交易完成后，合理分佣如何实现，谁来主持公道，出现纠纷如何解决等问题。

第三节　我国需要房地产经纪信息共享系统的创新模式

通过对我国房地产经纪行业引入 MLS 的有利条件和不利条件的分析，我们可以得知，建立行业信息共享系统是提高经纪效率、降低企业运行成本、解放经纪人员的必然选择，但是我国目前的大环境和交易习惯都不适宜照搬国外已经成型的 MLS。

一、我国引入类似于 MLS 的房地产经纪信息共享系统的可能性较低

鉴于独权代理这一 MLS 建立和运行的基本条件在我国目前尚不具备，实现代理委托为主尚需时日，而独权委托无论从法律上、政策上还是社会认知上，目前都难以获得支持和认同，而且在相当长的时期内难以改变。因此，MLS 在我国很难推行。

其次，难以找到 MLS 适宜的推行主体。目前，被认为 MLS 比较适合的推行主体是房地产经纪行业协会和政府相关机构，但是在我国，各地的房地产经纪行业协会没有足够的能力和动力推行 MLS。政府相关机构作为另一个被寄予希望的主体，其实施行业管理的目的和出发点与 MLS 都不尽相同，而且在简政放权的背景下，政府相关机构也不适合担当 MLS 主体的责任。

二、通过信息共享实现房地产经纪行业的提升是必然趋势

房地产经纪行业必须随时代的发展不断进步。网络的发展为以信息服务

为核心的房地产经纪行业带来了无限的发展空间，固守传统经营方式不仅效率低而且无法满足客户的需求，因此，寻求创新和突破成为我国房地产经纪行业发展中企业建立竞争优势的努力方向。

　　社会在发展，时代在进步，房地产经纪行业必须顺应时代的变化。**一是互联网的蔓延**。目前中国正在经历有史以来最大的一次消费行为大迁移，即线下向线上的转移，更为突出的是，中国手机用户已达 5.27 亿，超过 PC 用户 5.11 亿，在一二三线城市，人们买卖租赁房屋的第一步都是从互联网开始的，传统的纸媒、售楼处、中介门店在信息获取和信息处理方面的作用已经逐步弱化。**二是市场态势的改变**。首先，我国的房地产市场已经基本从卖方市场过渡到了买方市场，在交易中房源曝光度成为吸引潜在客户的最重要的因素，而相比于其他媒介，互联网显然更能最大限度地实现房源曝光。其次，中国的房地产市场正逐步从新房主导向存量房主导的过渡，一线大城市在 2010 年已经成为存量房主导的市场，一些二线城市也正在步入存量房时代。大中城市中可供开发的土地越来越少、越来越昂贵，新增房地产开发量下降，而存量房规模不断扩张，随着不动产登记的进一步完善和不动产相关税收的开征、二孩生育家庭的增多、人们改善住房需要的提升，存量房所有权、使用权的交易必将成为房地产交易的主体。然而，相比于新建商品房，存量房交易过程中信息更加不透明、交易流程更加复杂，这些都是互联网可以发挥作用的地方。

　　2014 年，我国房地产经纪行业出现一轮显著的变化，其主要形式是房地产经纪企业朝房地产交易电商迈进，通过 O2O 开展业务，实现与客户良好的沟通和服务。媒体电商的代表公司是搜房、安居客、搜狐焦点等，"其核心属性是媒体，货币化模式是广告，本质是开发商和二手中介公司的广告平台"。渠道电商是近两年迅速发展起来的新型电商，以房多多、好屋中国、吉屋科技为代表，传统的经纪市场中，无论是新房代理渠道还是二手房经纪公司的渠道都极其分散，在房地产市场低迷的情况下，单一代理或中介公司都无法高效地完成买卖双方的匹配，渠道电商将着眼点放在渠道整合上，他们将分散的渠道整合起来，实现快速成交。

房地产交易电商是房地产经纪企业未来的模式，无论是新房还是二手房，房地产电商必须最大限度地接近交易。无论媒体电商，还是渠道整合，都主要起到前期信息发布和沟通的作用，距离最终的交易都仍有一段路程。经过 2014 年的变革，初步具备交易电商雏形的典型代表是链家网、Q 房网以及正在向交易转型的搜房网等。

2018 年是 21 世纪我国房地产经纪行业中具有中国特色的创新型信息共享平台的发端。贝壳找房平台的诞生可以说对于苦苦寻找中国 MLS 出路的人来说，代表着放弃引入 MLS 另辟蹊径已经成为现实。

第六章 我国创新型房地产经纪信息共享系统

2018年贝壳找房平台上线，这是一种不同于MLS的企业平台型房地产经纪信息共享系统，标志着我国创新型信息房地产经纪信息共享系统诞生。贝壳找房平台抓住了网络时代平台型企业发展的良好时机，在跨企业信息共享系统的基础上，建立了全新的房地产经纪平台，改变了整个行业的竞争格局，引领我国房地产经纪行业进入一个新的发展时代。

第一节　贝壳找房平台的运作

一、贝壳找房平台的起源与发展

贝壳找房由链家网升级而来，是实现以董事长左晖为代表的链家高管的"平台梦"的重大举措。他们希望通过贝壳找房建立起一个技术驱动的品质居住服务平台，聚合并赋能全行业服务者，筑造起开放的居住服务生态圈，为全国两亿家庭提供包括二手房、新房、租赁和装修等服务的全方位居住服务平台。

链家董事长左晖在2014年成立链家网时就想打造能够实现跨企业共享的经纪平台，为此，对链家网实施了开放，允许其他企业加盟，但以链家为名，加盟平台在某种意义上似乎是被链家兼并，在行业中并未产生太大的影响力。左晖并没有放弃这个梦想，终于在4年后实现了夙愿——2018年4月23日，链家的升级版"贝壳找房大平台"正式上线。成立一年多来，贝壳找房业务增长迅猛。截止到2019年7月底，贝壳找房进入了98个城市和地区，平台经纪人用户超23万，覆盖2.3万家门店。贝壳旗下加盟品牌"德祐"扩张至1万家门店，成为最大的特许经营型经纪机构；旗下直营品牌"链家"门店达7700家，是最大的直营型经纪机构；另外，平台还孵化或连接了180个新经纪品牌，门店达4000余家。

贝壳找房被认为是链家网的升级版，"平台化"是其最主要的特征。贝壳找房设立了4个业务平台——经纪平台、租赁平台、新房平台和筹备中的装修平台，后续还计划纳入家政、搬家、维修等一系列社区服务平台，目标是把贝壳打造成满足全部"居住类需求"的全业务平台。贝壳找房CEO彭永东在平台上线不久曾表示"不远的将来，贝壳将覆盖全中国300个城市，服务超过2亿社区家庭，链接100万职业经理人和10万家门店，赋能超过100个品牌"。在1年的时间里，贝壳赋能已经超过100个品牌，可见贝壳对于房地产经纪机构的吸引力是相当强大的。

（一）链家创建贝壳的主要原因

在贝壳诞生之前，链家是全国最大的房地产经纪机构，作为房产中介的垂直业务自营品牌，用真房源带流量，用流量催化交易场景，加上线下标准化的经纪人服务，形成了能力闭环，保证了链家在全国化扩张中，能够迅速打开市场，拉开与同行的差距。在多个城市的房地产经纪业务中链家的市场占有率都居于首位，2016年和2017年连续两年的GMV（Gross Merchandise Volume，成交总量）突破万亿。在占有如此市场地位的情况下，为什么链家还耗费巨资实施颠覆性的革新，冒险选择横向的平台化运营呢？链家的答案是：房地产经纪行业的痼疾在既有的经营方式下无法解决。

1. 存量房交易是个十分繁杂的过程，降低成本提升服务质量是大势所趋

在既有的经营模式下，房地产经纪企业各自为政、高筑壁垒，行业中不仅有房源重复获取、录入、推广所带来的显性成本，也有因为信息隔绝、彼此不合作造成的成交率低等隐性成本，还有大量中小型房地产经纪公司由于公司基础设施水平较低导致经纪人工作效率低，与此同时，大型房地产经纪机构精良的设施和资源又不能充分发挥作用。

不仅存在行业运行和资源配置不均衡的问题，还存在B端和C端、B端与B端的矛盾。B端和C端的矛盾主要表现为信息不对称，即房屋和交易信息不透明、经纪机构开展业务的规范程度和服务能力不可预知等；B端与B端的矛盾主要表现为经纪公司之间、经纪人和经纪人之间，小型中介机构常因房源、客源有限陷入信息孤岛，经纪人之间也缺乏合作，收入系于自己的客户是否成交，但个人渠道和能力有限，不仅成交率低，而且收入悬差很大，一些年轻经纪人因为没有客户储备，没有从业经验，无法打开工作局面，从业不久便不得不改行，使房地产经纪行业成为一个高流动性的行业，从人力资源管理的角度来说意味着巨大的浪费。

这些问题在既有经营模式下无法解决，需要有破局的强力推动，贝壳的诞生，便是借助链家的力量，打破僵局。

2. 房地产经纪行业的平台空白如果不由业内企业填补，很可能被外来者填补

近年来，借助于网络经济的迅猛发展，平台型企业蓬勃生发，在我国已经诞生了阿里巴巴、京东、苏宁易购等多个超大型平台企业。房地产经纪行业作为信息服务行业，平台型企业具有明显优势，跨边效应和同边效应都非常显著，但是由于房地产交易涉及交易金额巨大，交易过程环节多、每笔交易具体情况不同，需要线上线下紧密配合，因此之前的平台都是浅尝辄止，局限在信息发布上，并未促成经纪机构在平台上的深度合作。贝壳诞生之前，房地产经纪行业最大的平台是58同城、流量最大的线上平台是安居客，以及另一个月活跃用户过千万的线上平台赶集网，但是这些平台只是信息发布平台。平台化是行业发展的大势所趋，但是出于前期的高额投入以及平台运行的复杂性和高风险，没有强大的实力和经纪行业的运作能力，没有哪家企业敢于全盘实施,因此,这些平台实现的仅是最浅最易的环节——将各房地产经纪机构的房源在平台上发布,既不能保证房源信息的唯一性,也不能保证房源信息的真实性。

房地产经纪行业是平台企业有巨大潜力的领域,对众多投资者有强大的吸引力,2014 年众多投资者对房地产经纪行业的投资就是一个明显的例证。因此,如果业界企业不着手建立平台解决行业痼疾,一旦有外界强大的投资者建成平台,会对现有行业主体产生巨大冲击。

3. 链家对持续竞争优势的追求

链家虽然居于领先地位,但是在行业快速发展,技术日新月异的时代,仍然有强烈的危机感。链家由经纪公司向平台型企业转型的构想,最初源自左晖。大约在 2010 年前后,左晖和团队开始考虑建立开放平台的可能性,但是条件不成熟,想法最终只停留在了讨论层面。2014 年链家进行了一轮同行并购,平台转型的想法再次进入议程。时任链家网 CEO 的彭永东和左晖一起,力主进行平台化扩张。但是,2014 年下半年,链家与当时如日中天的搜房网中断合作,搜房网宣布进军线下二手房交易市场,下游企业后向一体化的行为使链家感受到巨大威胁,因此集团高层决定暂缓平台化进程。2017 年 5 月,链家再次发起了一轮高管大讨论,链家的数位核心高管深入讨论链家要不要做加盟平台。会上近半数高管对此持反对意见,直到左晖表态,只要做成平台,愿意付出任何代价与牺牲。这个决心最终说服了众人,决定了链家后续的战略方向。

4. 链家防御竞争的需要

链家管理者为了防止在竞争中陷入被动,他们不断预测并模拟竞争对手的攻势,经过分析,他们认为竞争对手发动进攻有两种可能的路径:一是"空袭",实施"高空压制",竞争对手发动线上力量攻打线下企业的市场;另一种是"农村包围城市",对手在链家没有布点的城市落子布局,置链家于孤岛状态。经过讨论,链家高管最终达成共识,只有开放平台,并且让利,输出链家原有的优势,给同行赋能,做好平台管控,才可能实现新型的深层次联盟,从过去的垒院墙变成构建一个有护城河的大城池。链家最终的结论是:在未来的房产中介行业，占据垄断地位的自营公司可能陷入危机，行业友好度高的平台公司反而会更安全。2018年1月，链家重启3年前收购的德佑地产，把德佑品牌打造成加盟店模式，为链家全方位开放进行组织结构上的准备。经过一系列高管讨论与细节敲定之后，贝壳进入实地验证阶段。2018年2月28日，贝壳找房正式上线。链家开始通过贝壳向加盟企业输出自己认可的行业规则。

5. 升级行业服务水平，实现多赢局面

左晖认为从垂直领域走向平台领域，对链家是一种风险。但是，如果房产中介行业一直贴身肉搏，口碑为负，作为行业里最大的品牌商，最先受伤害的可能也是链家。因此，链家希望设计出一个"多赢"局面。贝壳平台可以使房地产经纪机构由单打独斗改为抱团经营，在这个过程中，整个中介行业可以被赋予更多标准化，服务水平得以升级。

（二）贝壳和链家的关系

贝壳是在链家的强力支持下发展起来的，链家网把平台人员悉数转移给了贝壳，链家经纪人员Link后台可以直接链接到贝壳平台，链家调集了近2/3的"功臣"进驻了贝壳，同时，把在链家中行之有效的管理制度在贝壳中推行。链家和贝壳的紧密关系，可以从以下几个方面分析。

1. 紧密的投资关系。贝壳和链家是两个独立的公司，但是贝壳的主要投资人就是链家创始人左晖和高管人员。

2. 二者的性质不同。贝壳是互联网平台公司，链家是房地产经纪公司，二者的性质不同，链家作为经纪公司是为房地产交易双方服务的，贝壳作为平台公司并不从事具体的房地产经纪核心业务，而是为平台上的所有房地产经纪机构和其他类型的相关企业服务。

3. 链家是加盟贝壳的公司之一。贝壳公共关系部总经理蔡涛介绍说"链家网是链家单独一个品牌的平台，而贝壳是一个更大的商业平台，可以说链家也只是贝壳大平台中的一个品牌商。"

4. 贝壳借助了链家丰富而优质的资源。链家对于贝壳的贡献和支撑是贝壳创立和高起点发展的基石，链家的后台资源都提供给了贝壳，无论是从技术、人员和管理上链家都成为贝壳发展的基础，对贝壳的发展起了巨大的支持和促进。比如链家的精心打造的"楼盘字典"提供给贝壳使用，"楼盘字典"作为城市房地产数据库，房屋覆盖率高，房屋信息真实可靠。出于方便交易的需要，"楼盘字典"所提供的房屋信息比政府房地产管理部门的数据更全更细，这为贝壳平台的高效运转提供了坚实的基础。在链家公司发育成熟的 ACN 分工分佣制度也成为贝壳平台上跨机构经纪人之间合作共享的制度基础。

5. 贝壳对链家的拓展和促进。链家下大力气创建贝壳，重构行业生态，做开放平台会不会伤害自身的直营体系呢？贝壳找房作为开放的行业平台，会吸引其他品牌服务商入驻，打破公司之间的藩篱，在"开放拥抱"逻辑指导下的贝壳找房平台上，链家可以把原先的对手都变成平台上相互合作的伙伴，实现交易额的倍数级增长。加入平台之前，链家直营体系已经做到了行业第一，然而，链家的行业增长空间仍然是巨大的，比如自如虽然拥有 50 万间房源，但市场占有率却只有 0.3%，所以开放平台对链家来说也是一种实现成长和发展的新途径。

6. 链家为贝壳做出了一定程度的牺牲。除了存量房买卖经纪，在链家中还有租房业务自如友家板块。自如作为一个已经独立运营的长租公寓商加盟贝壳，一方面为贝壳导入了大量房源和流量，另一方面自己的独立王国也被打破，贝壳上的租赁业务板块，定位是帮助同行推广长租公寓业务，这对自如也是一种伤害，可以说，为了推广贝壳，自如做出了巨大的牺牲。

链家新房板块也加入了贝壳平台。过去，链家新房房源主要通过链家体系内获取并内部销售，以后，这些新房开放给所有贝壳同行。通过贝壳平台开放新房房源固然能增加销售竞争力度，但对链家新房自身的业务能力也会提出更高要求。

7. 链家为贝壳培育了加盟主体。当前，一些加盟贝壳平台的小经纪公司是从链家裂变出来的，可以说链家在某种程度上也为贝壳孕育了大量的加盟主体。

(三) 贝壳促使链家发生的改变

贝壳平台的运转对链家带来的最大的变化，就是从重资产向轻资产转变。以前链家以直营连锁为主，运营负担很重，总成本中店面房租约占 1/5 ~ 1/4，经纪人费用约占六成，入驻平台后，链家公司实现重大转型，将店面由直营改为店东制。这些店东部分从链家分裂出去，成立了自己的小公司，他们不再依赖于链家实施管理，而是转而依赖于贝壳平台所提供的各种服务。对于继续留在链家的各个店东而言，链家公司的意义主要表现在品牌效应，作为全国知名的经纪品牌，链家在消费者中有强大的号召力。从发展趋势来看，未来链家的品牌价值在贝壳上也可以共享出去。

将来活跃在贝壳上的经纪公司可能有三类。**第一类是链家品牌系经纪公司**，代表较高行业服务品质，其中有相当一部分店来自冠名，不合格者可随时摘牌。左晖为链家自有品牌店设置了"25512"的目标。"25"是指链家要用三年时间把 NPS（净推荐值）从 0 做到 25%，即有 25% 的客户会向其他人推荐使用链家。"51"是指未来公司经纪人的大学统招本科的比例要超过51%。"2"是链家店均"贝壳分"（每个经纪人的信用分，反映用户满意度）指标要做到贝壳平台平均指标的 2 倍。这样的目标表明链家要把自己打造成贝壳平台上的优质服务品牌。**第二类是德佑的加盟经纪公司**，在服务风格和主攻战场上与链家拉开反差。**第三类是许许多多的其他经纪公司**，他们加入贝壳，接受规则，但还没能完全达到链家的服务水准。

二、贝壳找房平台的运行管理

作为第一家完全开放的房地产经纪平台公司，贝壳找房开创了一套全新的运营模式。从加入平台的经纪公司的筛选到规范化管理，到对房地产经纪业务中核心资源的管理，到整个交易流程的管理，再到平台为经纪公司提供的各种服务，贝壳找房构建了一整套管理和服务运营流程。目前来看，贝壳的运营管理模式运转有效。

（一）加盟管理

贝壳继承了链家长期倡导的"真房源"标准，要求加盟企业提供的房源信息无论是租赁还是买卖的不动产都必须是真实的。所谓真房源是指"真信息、真价格、真体验、真服务"。"真信息"是指贝壳平台上发布的房屋租赁、买卖等交易房源是真实存在的，链家花费巨资和时间建立的真房源数据库——楼盘字典，收录超过1亿套房屋，每套房屋由433个字段描述，20万经纪人员参与动态维护，还有7×24小时真房源验真系统。"真价格"是指准确率90%的房屋估价。贝壳依托海量真实成交和在售数据，准确预估房屋真实市场价值。"真体验"是指VR看房。由贝壳平台专门的技术人员制作立体视频，使人们在网上可以如同亲临现场一样感受房屋的空间和方位以及各种设备设施和装修装饰，同时配有经纪人语音在线讲解服务，在实地看房之前就能对房屋状况有切实感受。"真服务"是指贝壳的信用评价体系，贝壳对所有的入驻经纪人员采用"贝壳分"评价，分值高将被奖励，分值低会被降权甚至被要求退出。

第一，对于希望加入贝壳找房平台的经纪公司，贝壳将认同并实践"真房源"的理念作为基本准入"门槛"。房地产经纪行业中"真房源"长期停留在口号层面，在许多地区和经纪公司中没有真正实施。对于贝壳"真房源"的要求，众多经纪公司在起步阶段都心存疑虑，认为难以真正实施。但是从2017年9月开始，贝壳在徐州、郑州、长春、成都4个城市试点成功，使人们对此有了信心。在徐州，很多中介对真房源态度消极，因为共享自己的真房源信息后，短期内并不能得到回报。贝壳进军郑州时，前3个月响应者寥寥，没有人敢把自己的房源放到贝壳上。许多中介也不愿意为房源假一赔十的政策买单。为此，贝壳在早期大量投入，先行垫资，同时加码真房源的鉴别机制，设立真房源保障基金，以此激发同行热情。尽管前期推进过程无比缓慢，但是一旦让同行们看到了"真房源"的良性效应，贝壳平台就迎来了加速扩张，一段时期后，贝壳在试点城市都顺利发展。

第二，要加入贝壳平台，必须遵从平台的 ACN 合作方式。ACN 是从链家推广到贝壳的经纪人员合作管理制度。ACN 既是分工协作的链条，也是利益分配的链条。依照 ACN 的规定，房地产经纪的流程被细分为多个环节，不同环节由不同的经纪人员参与，这些人员可能属于不同店面、不同经纪公司，每一环节赋予一定的分值，各经纪人员经过紧密合作达成交易后，可以按照每个经纪人员的累计分值分享佣金。

第三，吸引市场占有率比较高的经纪机构加盟。在接受真房源和 ACN 的前提下，贝壳主动吸引一个城市中业绩排名前三的经纪公司。而如果一个城市里没有符合标准的经纪公司，贝壳会考虑自我输出，比如让内部经纪人脱离出去，链家给予资金支持，扶植品牌经纪人落地。

（二）房源信息管理

人民网的记者梳理归纳了贝壳找房平台上的房源构成，存量房买卖房源包含链家直营店铺、德佑加盟店铺的房源，以及其他中介品牌上传的房源；存量房租赁房源包含链家租赁部分、自如租赁部分、各大品牌公寓运营商部分和未来可能的个人租赁房源。

从房源信息共享来看，贝壳平台与国外的 MLS 类似，但是 MLS 有一个前提性要求是房源必须实行独家委托，即客户只能把房源委托给一家经纪机构挂盘，房源信息在 MLS 中挂盘后，MLS 中的所有经纪人都可以销售。而在我国的社会环境下，客户习惯于开放委托，法院的判例也不支持经纪机构要求履行独家委托权益的诉求，这是我国房地产经纪行业必须面对的现实，贝壳不可能改变，所以贝壳并不要求客户独家委托。但是房源信息在贝壳平台内是唯一的，不会出现重复挂盘的情况，因为贝壳平台实行首家录入制，只要有一家机构将该委托房源信息录入平台系统，其他机构就无法再行录入了。

（三）经纪人员合作管理

贝壳平台的目的和初衷就是实现跨企业合作，实现行业信息和资源的重构，因此平台一直倡导和鼓励合作。贝壳的鼓励不是停留在文化和理念层面，而是推行了一套切实可行的保障制度。贝壳的这套制度来自链家长期实践并日臻完善的经纪人合作网络 ACN（Agent Cooperation Network），其内容包括以房源流通联卖为核心的"房"的合作网络、以跨店成交比管理为核心的"客"的合作网络和以信用分管理为核心的"人"的合作网络。通过 ACN 可以盘活平台上所有的资源，一旦企业间的信息壁垒被打破，在合作网络下，商机线索成倍数增长。

为了保证平台上的经纪人员积极参与合作，需要对参与者按劳分配论功行赏，如果把整个经纪服务流程分为客源端和房源端两大环节，客源端分得佣金的 40%，房源端分得佣金的 60%。客源端又被进一步细分为带看、陪看，房源端又进一步细分为录入、实勘、钥匙（保管）人、信息（关系）维护等环节，一旦交易成功，每个具体环节的实施者都能按照相应比例获得佣金分成，例如录入房源信息的占 10%，实勘摄影师占 3%，实勘经纪人占 2%，从客户那里取得钥匙的经纪人员占 5%，交易期间对各类信息进行追踪、维护和更新的经纪人员占 10%，能与客户签订 VIP 合同（实质为独家委托合同）的经纪人员占 10%。

ACN 起源于链家内部管理，为了提高整个公司的成交率，链家鼓励公司内不同区域和店面的经纪人员之间积极合作，这一制度在链家的实施过程中不断得到完善。由链家的内部合作推广到贝壳后，进行了一些调整和增扩。例如当前不同品牌经纪机构的佣金费率不同，链家的佣金费率高于其他经纪机构，不同的经纪机构合作时，如果所收费率达到链家的费率标准，则按实际的佣金数额进行分配，如果费率低于链家费率，则按照平台分配规则由销售方补贴房源方。根据贝壳找房公众号 2019 年 7 月 30 号发表的《贝壳找房成立新经纪观察团，首站成都体验跨品牌高效合作秘诀》一文，目前贝壳平台上有 188 个品牌、2.78 万家门店、超过 25 万经纪人每天都在进行合作作业，跨店带看、跨品牌成交每天都在发生，每十单交易中就有七单是跨店成交，最多时一单交易有 13 位经纪人员参与。

据介绍，ACN 模式的好处：一是大大提升了成交效率；二是保护和促进新人成长，使之不会因为业绩问题而遭遇淘汰，同时也降低了公司的管理和培训成本。ACN 从链家内部管理制度变成贝壳平台上对所有"上台"经纪公司的管理制度，对房地产经纪行业整体是个促进，同时对于那些封闭的经纪机构构成强有力的竞争。在当前开放式委托的行业背景下，无论是房源方还是客源方都并不仅仅在贝壳上发布和搜寻信息，他们可能在贝壳之外的其他经纪机构成交，贝壳平台和非贝壳平台经纪机构之间存在激烈竞争，而且贝壳平台在费率上并不占优，因此，贝壳的竞争优势主要在于成交速度快，常常在其他经纪机构还没有找到合适的交易对象之前就完成了交易。ACN 制度可以说是贝壳平台重要的战略资源，是构建竞争优势的支柱之一。

（四）赋能服务

贝壳平台对于所有的加盟经纪机构所提供的重要帮助是赋能服务，尤其对于自身组织机构不够完善、职能不全面的中小型房地产经纪机构来说，贝壳平台为其提供了强大的赋能服务，可以使经纪机构只保留核心的经纪职能，其余的支持性、辅助性、后台性功能都由平台提供。

贝壳平台的工作人员按其服务领域可以分为线上和线下两部分，线上人员主要为加盟经纪机构提供系统和网络技术支持、品质管理、页面内容、品牌推介等服务，线上人员最终将扩充至 1 万人左右，为所有客户提供及时稳定可靠的服务；线下团队由贝壳的区域经理构成，也将达到 1 万人，线下团队将按照地理区域划分，服务辖区内的经纪人。

贝壳为经纪机构提供的赋能服务主要包括以下内容：

1. 招聘、培训等人力资源管理服务

对于房地产经纪机构来说，最大、最宝贵的资源是有能力的经纪人员，但是除了少数大型经纪公司，大多数中小型经纪机构为了生存只能把精力集中于创造业绩，既没资金也没有足够的人力对新人进行系统的培训，主要靠师傅帮带，但是在非合作的环境下，谁愿意把全副本领传给未来的竞争者呢？因此，传统经营模式下，房地产经纪新人既难以获得全面的业务知识和技能，

也很难实现成交获得高收入，房地产经纪行业成为一个入职门槛很低同时流动性很高的行业，新人不断流入又流出，这也成为房地产经纪行业低效的一个原因。

为了保证服务质量，贝壳平台要求加盟经纪机构每个门店有5名经纪人员，平台可以为加盟机构提供招聘、培训、辅导、考核等人力资源管理方面的服务。

针对新加入房地产经纪行业的人员，贝壳设立了融入学院，其核心使命是让每一位新人"快速融入，加速成长"。在当前平台业务飞速发展，人员规模倍速增长的阶段，"融入"是贝壳平台战略级的工作内容之一。贝壳平台目前提供的融入培训包含两套方案：社会招聘新人融入培训和校园招聘新人融入培训。贝壳为经纪人员提供3天2夜共11门课的培训和考核。针对社招新人的"识贝之旅新人融入训练营"和针对校招新人的"超神学院3年培养计划"已经成为贝壳新人养成的主力平台。

针对专业人员提升能力的需要，贝壳平台设立了专业学院。专业学院聚焦于产品、技术、产品运营人员的核心专业能力提升，也关注其他专业序列人员的成长，目标在于萃取专业经验智慧，孵化专家人才队伍，希望推动贝壳成为一个房地产经纪领域专业人才成长、升华、专家辈出的地方。

针对所有人员的能力提升，贝壳设立了领导力学院。贝壳认为：人人都是领导者，每个人都需要也能够发挥领导力，因此设立领导力学院为每一位员工赋能。贝壳领导力体系分为自我领导、团队领导、组织领导、经营领导四个层级，支持公司业务及人才发展需求，塑造各层级杰出领袖队伍。

2. 统一的门店装修服务

为了良好的企业形象，贝壳平台对加盟经纪机构有门店装修的要求。加盟经纪公司有些有自有品牌，有些没有品牌，无论有否，贝壳都要求门店装修达到统一标准，比如店铺面积要达到50平方米，门头长度要达到3米。装修服务由贝壳合作的供应商提供，贝壳对每家店面提供1万~3万元的装修补偿。

3. 营销推广

在营销方面，贝壳有强大的营销推广能力，广告投入力度大，宣传渠道丰富，尤其是网上推广能力强劲，实现了与地图 APP 的连接，信息推送力很强，这是众多小经纪机构的营销能力可望而不可及的。

此外，贝壳平台还为商家提供 VR 技术支持及免费的小程序开发。根据贝壳找房订阅号中《看得见的与看不见的服务者》中的介绍，在贝壳找房中有 1200 位专业 VR 摄影师，他们之前大都是专业的摄影人员，经过半个月的 VR 摄影培训后，他们才能上岗。展示房地产商品的 VR 摄影和普通摄影有所不同，需要了解客户的需求和视角，还需要突出房屋的特征，因此，这些 VR 摄影师拍摄之前要与经纪人和业主沟通，还涉及后期房型图绘制等。VR 摄影主要是为了让买家/租客有身临其境的看房体验，因此，了解客户心理很重要。此外还要配合经纪人的声音解说，展示经纪人想要突出的房屋优势、特点和感觉。

4. 延伸服务

贝壳平台还提供统一的经纪延伸服务，除了促进交易、协助签订交易合同外，大多客户还有解押、贷款、过户等其他的服务需求，为了提高这些延伸服务的效率，贝壳平台设立了三大专业岗位——交易顾问、权证专员和公积金专员。交易顾问负责受理业务单和对接商贷，公积金专员负责公积金贷款，权证专员负责交税、抵押、过户。在贝壳平台上，这些服务已经高度专业化、流程化，以交易顾问为例，绝大多数商业银行已经和贝壳建立起了合作关系，每个银行的支行各派几位客户经理在贝壳驻点，交易顾问带着客户、业主直接去驻点面签，下班后客户经理将资料带回银行即可，再也无需交易顾问在银行和交易房管局之间来回奔波了。各加盟平台的经纪机构将这些活动交给平台的专业人员集中办理，效率高，成本低，而且管理规范完善，可以降低这些延伸服务中蕴藏的风险。

5. 数据资源开发与支持

相比与其他房地产平台，贝壳找房平台强大且独家拥有的数据资源成为贝壳赋能的最具有价值的部分，也是其他平台在短期内难以复制的能力。

首先，贝壳找房平台可以使用链家楼盘字典数据库资源。 链家"楼盘字典"

是目前我国房地产经纪行业最大、最全、最细、最准的城市房屋信息数据库，收录了包括房源房间门牌号、标准户型图、属性信息、配套设施信息、历史业务数据等多维度信息，囊括了全国 160 多个城市 1.1 亿套房屋数据。有了楼盘字典的支持，贝壳找房平台从房源录入的第一步就可以智能判别房源的真实性。这个全国独一无二的数据库是链家地产长期数据搜集、整理、积累的重要成果。2014 年 6 月，链家数据中心成立，2015 年基于链家模型的楼盘字典 V2.0 迭代上线，为链家的平台化战略提供了坚实的基础支撑。目前，链家数据中心由 60 余名楼盘数据管理工程师，管理 1000 余人的长期兼职团队及多家服务商，协调全国超过 130000 名经纪人，在链家数据管理体系的框架下，逐步推进贝壳找房平台的数据标准化建设。

其次，大数据分析与应用。贝壳的数据服务功能强大，不仅可以提供详尽的房屋资料，还能进行良好的交易过程数据管理，比如用户画像、智能推荐和房产估价等功能早在链家网已经实现。用户画像是指通过对用户与网站的交互过程中产生的成交数据、带看数据、搜索和点击数据等大数据的分析，形成用户行为、偏好、购买意向等的画像；智能推荐是指预估用户中意的房屋类型，并推荐符合其需求的房源、推荐熟悉该小区、好评率高的经纪人为其服务；房产估价是指贝壳通过对历史成交数据的多维度分析来预测未来房价走势、评估房屋竞争力，帮助用户、业主和经纪人提供决策参考。

贝壳的数据分析和服务不仅为客户提供透明房价，还提供房源历史成交数据、价格变动区间、房间户型图等所有帮助购房者有效决策的因素，依托互联网对数据进行标准化管理，实现信息的无差别共享，改变房产行业中信息不透明的状况，提高买卖双方效率。

6. 贝壳平台提供统一的电话服务

贝壳平台提供统一的 400 电话服务，可以和房主联系、处理投诉、解答客户疑问等。通过这种方式，各加盟经纪公司相当于将电话服务外包给了贝壳平台，降低了成本，而贝壳平台统一为所有加盟经纪公司服务，因专业化而大大提高了服务质量和效率，同时，满负荷工作也使得服务成本降低。

（五）收入来源

作为平台型公司，贝壳面对的是双边市场。平台企业商业模式的特点是利用群众传播、人际关系、互利效应等建立无限增值的可能性，即实现网络效应，用的人越多，网络效应越明显。具体到房地产经纪平台企业来说，这种网络效应体现在房地产经纪机构/经纪人员和交易者两方面，加盟的经纪人越多、利用贝壳平台获取信息和成交的交易者越多，贝壳平台的网络效应越明显。

平台企业需要选择哪一方作为收费对象，哪一方作为补贴对象。由于交易客户的需求价格弹性很大，对交易客户收费会减少交易者对平台的使用，而经纪机构和人员对平台的黏性较高，所以贝壳选取经纪机构和人员作为收取费用的一方。贝壳平台摒弃了收取使用费（根据使用次数、使用时间或使用人数）的收益方式，而是采用了佣金分成，对每一笔通过贝壳平台成交的房地产交易收取佣金的10%作为贝壳平台的使用费。对于现阶段的经纪机构和经纪人来说，只有在获得收入后才产生费用，没有收入就没有费用，显然更为稳妥划算，对中小公司的吸引力大。

目前，除了佣金分成，贝壳为加盟经纪机构提供的多种服务都可以获得收益，比如HR服务，可以收取招聘服务费、培训费、考试费等；平台办理延伸服务也按照每单业务收取费用，还有400电话按经纪人的数量收取费用；如果客户通过贝壳办理贷款业务，平台还可以从银行获得商贷返点。

未来，这一平台上产生的数据信息、孵化空间等，都可以带来长远的附加值，并使平台从中获得收益。

（六）监督与处罚

对房地产经纪平台而言，"某些成员的加入会降低其他使用者的效用与意愿。纳入不良用户，甚至可能导致欺诈等严重行为。平台企业必须抑制类似情况出现,避免对平台的声誉、形象产生负面影响"。❶ 贝壳平台上,一些经纪机构和人员的不当行为会影响其他经纪机构人员的利益,一些不当行为会在消费者中产生严重的负面影响,因此贝壳平台对这两类行为都要进行监督管理并设立处罚机制。

贝壳平台通过设置以下机制加强对加盟成员的监督和管理:①用户身份鉴定,只有得到许可的用户才可以使用平台,当用户行为严重违反平台规定时,可以取消用户身份;②检查制度,平台组织明查暗查,预防和发现加盟者的违规行为;③相互监督制度,让平台加盟者之间相互监督,避免违规行为,比如贝壳对于外泄房源、不正当竞争、随意降低中介费等问题会组织互查;④用户评分制度。这是一种长效机制,对加盟者的行为进行打分,一旦出现违规行为将会扣掉相应分值。用户得分会和评比、考核、续约、分成、奖励等相挂钩,对经纪机构和人员产生较强的约束力。贝壳找房实行"贝壳分"管理,将经纪人员的行为折合为贝壳分,根据分值高低对经纪人员予以奖惩。

贝壳平台目前的监督和处罚机制在两方面特色突出:**一是"真房源"监督退出机制**。贝壳平台继承了链家的价值观,认同"真房源"原则和服务精神、相信合作共赢的经纪品牌,都有机会入驻贝壳。相反,若触及上述底线,平台上的品牌会面临被清退的可能。

二是房源监督管理机制。房源监督检查是贝壳平台管理中的一项重要内容。当今房地产经纪市场上房源是关键性资源,人们说"得房源者得天下",贝壳网在所有加盟机构中完全共享房源信息,这对于房源提供者来说面临一定的风险。链家网曾有一段时间在公共媒体上发布的房源信息比较详细,导致其他经纪机构顺藤摸瓜找到房主,直接介绍客户,出现大量跳单。贝壳平台对内公布房源也使一些加盟商嗅得商机,他们在系统中获取房源信息,私下介绍客户成交,破坏平台规则,损害平台利益。为此贝壳平台专门成立了监察组织,对各种违反平台规定的行为进行筛查,一旦查有实据,即进行处置。

---

❶ 陈威如,余卓轩.平台战略——正在席卷全球的商业模式革命[M].北京:中信出版集团股份有限公司.2017.

在传统经营方式下,经纪人行为难以监控,而在平台经营方式下,监控有明显优势,因为经纪人在平台上的行为是留痕的,哪些人查询过、看过什么信息、看的次数、时间等都有记录。如果一些经纪人员留有大量查看痕迹,却没有任何联系和交易痕迹,然而一段时间后房屋却成交了,显然是有一定问题的。对于违反规定的机构和人员,贝壳平台会给予清退、摘牌等处理。

三、贝壳找房平台与经纪公司的区别

　　一些人认为贝壳找房是"平台型经纪公司",这种看法显然是一种误解。贝壳找房是以房地产经纪公司为客户的服务性公司,是把经纪机构、交易者、居住产品及服务的相关提供者聚集到平台上,对接他们的供给和需求,建立起他们之间良好的互动关系。贝壳找房不是经纪公司。

　　房地产经纪平台和房地产经纪公司二者存在显著的差异。

　　1. 经纪公司是直接为房地产交易双方提供服务的企业,是生活服务型企业;贝壳平台是面向经纪机构和其他提供与居住相关服务或产品企业的,是生产服务型企业。

　　2. 经纪公司向交易双方提供具体的经纪服务,包括信息咨询、推荐配对、协助交易、延伸服务等,而平台型的贝壳公司为经纪公司提供的是"造市"服务,即贝壳并不向交易者直接提供服务,而是向交易者提供了商家的展示平台,让消费者根据商家提供的信息选择交易商品和服务商。贝壳找房官方对自己的定位为:"科技驱动的新居住服务平台,涵盖二手房、新房、租房、装修和社区服务等众多类目,通过开放数据资源和技术能力,聚合和赋能全行业的服务者,打造产业互联网下的新居住品质服务生态,致力于为全国家庭的品质居住提供全方位服务连接。"从该定位看,贝壳认为自己的作用只是提供聚合、赋能、链接,是互联网平台。

　　3. 经纪公司的核心竞争力在于向交易者提供服务的高性价比、对交易者的要求快速地响应,平台公司的核心竞争力在于所能引发的网络效应,即是否能吸引大量的交易者和房地产经纪机构入驻，吸引力越大，网络效应越明显、平台的竞争力越强。

4. 经纪公司的竞争焦点在于筑起竞争壁垒，而经纪平台的竞争优势在于打破垄断互联互通。经纪公司在竞争时会封锁信息，争取垄断房源，经纪公司之间是纯粹的竞争关系，而做经纪平台是打破垄断，相当于拆墙工程，从单打独斗变成组织"战队"，将信息、渠道、能力等在"战队"内部共享。

第二节 我国创新型房地产经纪信息共享平台与 MLS 的比较

MLS 是在 20 世纪初美国社会和经济背景下产生的房地产经纪信息共享模式，而平台企业型信息共享模式则是在 21 世纪中国社会和经济背景下产生的。面对不同的问题和需求，这两种信息共享系统虽然共享的本质相同，但存在诸多差异。

一、平台式房地产经纪信息共享系统与 MLS 的共同点

平台企业型信息共享系统和 MLS 的共同点在于其核心和本质是一样的，都是为了打破房地产经纪机构的壁垒，实现经纪人之间的信息共享和分工协作，以此提高行业整体的运行效率。无论是平台型信息共享系统还是 MLS 都符合信息经济学提高信息交换效率的理论。

房地产交易的达成需要大量的信息交换，而市场信息交换次数代表交易的速度和市场交易的效率，达成交易需要的信息交换次数越少，意味着该市场交易效率越高，反之，则意味着该市场交易效率较低。房地产经纪信息共享系统的存在能大大提高房地产市场上信息交换的效率。

图 6-1 所示为市场上有 a 个出售方/出租方和 b 个购买方/承租方，并仅有一个房地产经纪机构时的情况。每个交易者，无论是出售方/出租方还是购买方/承租方只需将自己的相关信息传递到经纪机构，由其匹配后即可完成交易，因此，信息交换的总次数为 $a+b$。

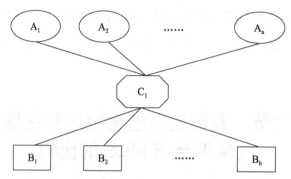

图 6-1 房地产市场上只有一个房地产经纪机构的交易效率

现实中房地产经纪机构的数量显然不会只有一家，因此，信息交换次数会多于 $a+b$。图 6-2 显示了当房地产市场中有 n 个房地产经纪机构时，达成交易的实际信息交换次数为 $(a+b)\times n$。随着市场中房地产经纪机构数量的不断增加，信息交换的次数不断增加，其交换次数为 $(a+b)\times n$，显然 n 的数值越小，房地产市场的效率就越高。

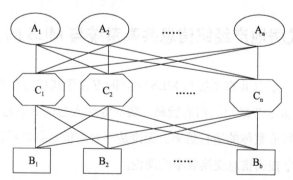

图 6-2 房地产市场上有 n 个房地产经纪机构的房地产交易效率

信息共享系统通过多家房地产经纪机构加盟一个平台的方式，大大减少了市场上信息交换的次数。房地产经纪信息共享平台和其他商品交易平台有显著的不同，其他商品交易平台类似于在网上营造了一个虚拟"市场"，吸引各商户在市场中摆摊设点,由于商品种类丰富,价格低廉且有一定的管理规则保证交易的安全性,所以吸引来大量消费者,商品交易平台上的各商户之间仍然是竞争关系。房地产经纪平台中,各经纪公司之间由于在内部实现了信息共享和分工合作,其相互联系的程度更加紧密,而且彼此之间的关系转为竞争+合作,虽然房地产经纪平台不是一个一体化组织,但是平台对经纪机构的影响远大于普通商品交易平台对商户的影响,在某种程度上每个房地产信息共享平台形成了"准一体化组织"。当整个房地产经纪行业中的经纪机构被整合到一个或几个平台中后,整个行业结构一下子简化了,消费者无需和多个经纪机构打交道,只需要和每一个经纪平台中的任何一家企业接触就可以了。

图 6-3 显示了房地产市场中有三家经纪平台的房地产交易状况,经纪机构分别选择自己认为合适的某个经纪平台加入,比如 C_n……C_s 企业选择了 P_1 平台,C_i……C_q 企业选择了 P_2 平台,C_x……C_y 企业选择了 P_3 平台,一个经纪机构只能选择一个平台。作为消费者,为了最大限度地在市场上发布或获取信息,他会尽可能多地和平台联系,但是由于平台企业的属性决定了同一区域内不可能存在很多的平台,因此,其数量有限。在本例中消费者最多仅需和 3 个平台企业接触即可,这样消费者可以大大节省时间和精力,整个经纪市场的运转效率飞速提升。

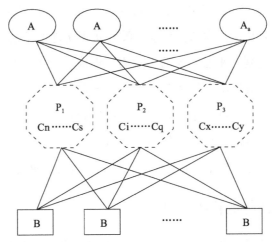

图 6-3 房地产市场上有 3 个经纪平台的房地产交易效率

二、平台式房地产经纪信息共享系统与 MLS 的差异点

（一）信息共享系统的运行主体不同

MLS 的经营者是各区域的房地产经纪协会。作为行业的自律组织，行业协会为了有利于行业的长远发展，会考虑行业中不同从业者的需要，对各类型机构的诉求有所兼顾，为了保持良好的行业形象，行业协会会对一些机构和人员有损行业道德和行为规范的错误做法进行监督和惩处，严厉的可以吊销执业资格，甚至终身不得从事该行业，因此行业协会作为 MLS 的主体，具有一定的权威性。

我国创新型的房地产经纪信息共享系统运行主体是平台企业。平台企业和其他企业一样，都是营利性经济组织，平台企业的投资者也以利益最大化作为目标，追求企业的竞争优势和长远发展。平台企业要想吸引经纪机构和人员的加入只能依靠提供良好的服务和合理的收费。

我国现有的房地产经纪平台主体是互联网企业或房地产经纪企业的自然延伸。58 集团是互联网企业自然延伸的代表，58 集团下的信息发布平台包括 58 同城、安居客、赶集网，这几个网站除了安居客，其余都是综合性信息网站，所起到的作用主要是信息发布，目前还没有实现房地产信息共享，但是从 58 集团未来的发展规划上来看，今后将致力于促成平台上的房地产经纪公司实现紧密合作，甚至实现深入的环节分工，据此来看，58 集团的平台上未来必然实现信息共享。贝壳找房平台是房地产经纪企业自然延伸的代表，是链家地产意识到行业提升的需要以及保持企业竞争优势的需要而采取的战略发展行为，通过贝壳平台的创建，拥有了更强的竞争优势和更加广阔的发展空间。

（二）运行主体的目的不同

MLS 的运行主体房地产经纪协会是非营利性的，其目的是为行业运转和

发展服务；而平台式房地产经纪行业信息共享模式的运行主体是平台企业，企业是营利性经济组织，根本目的是追求利润。

从信息共享的效果来看，整个地区共用一个系统，将全地区加盟经纪人的信息"一网打尽"显然是效率最高的形式。在 MLS 模式下，全国只有一个 MLS 是可行的，因为 MLS 的非营利和服务性质，一个 MLS 只会更好地实现共享效果，而不会出现垄断的弊端，这从 MLS 的收费长期维持很低廉的水平即可得到证实。但平台企业式的信息共享网络，则面临一种悖论：如果仅有一家平台企业经营，虽然可以高效实现信息共享的效果，但是却会造成垄断经营，平台企业会对入网公司和经纪人收取高额费用，服务质量下降；如果由多家企业经营不同的信息网络，相互竞争显然可以遏制垄断，但信息共享系统的优越性又不能充分实现。因此，由于存在"信息效率"和"利益最大化"这两个相互矛盾的目标，平台企业式的信息共享系统可能陷入鱼与熊掌不可兼得的困境。

经纪行业存在的基础在于节约交易成本，信息共享是必然的发展趋势，从理性的角度来看，行业必然向着尽可能降低交易费用的方向发展，因此，未来平台型房地产经纪共享系统的发展趋势将会是两种：一种是独角兽垄断；另一种是几家大型平台公司寡头垄断。

（三）信息共享范围不同

MLS 和企业平台式经纪信息共享系统的信息共享范围都是加入系统的企业，只是两种系统的企业范围不同。MLS 是房地产经纪协会组织并运营的，行业中加入行业协会的经纪机构几乎都要运用平台，所以 MLS 尽管是服务性质的，但是天然带有管理背景的优越性，因此加入 MLS 的企业比率是相当高的。

企业平台式经纪信息共享系统是通过市场经营行为吸引企业加入的，通过为经纪机构提供良好的使用体验、良好的系统服务以及众多消费者使用所带来的跨边网络效应来吸引经纪机构加盟。在多个平台之间存在激烈的市场竞争，因此平台企业在提供通常的服务之外，会塑造自身的差异性，这些差异点是经纪机构需要而且其他平台难以提供的。比如贝壳所提供的400统一电话服务、统一延伸代办服务等是各个平台都可以做到的，慢慢会成为平台的通用服务，但是贝壳的楼盘字典是花费相当长的时间积累才形成的，需要投入巨大的人力物力，不是短时间内能够实现的，可以作为贝壳平台的特色为其带来长期的竞争优势。由于各个平台的服务不同、特色不同，因此各平台吸引的房地产经纪机构数量和类型会有差异，但是对于平台企业来说，如果吸引的房地产经纪机构达不到一定的数量级，平台将无法生存。因此，经过一段时间的竞争后，行业中仅会剩下几个较大的平台，房地产经纪机构会在几个平台中选择一家加入。因此，除非形成独角兽企业，否则每个平台的市场占有率都是有限的。

（四）信息共享的前提不同

MLS实现信息共享的前提是独权委托，卖方客户只能委托一家经纪机构在一定时期内拥有该物业的独家挂盘权。企业平台式经纪信息共享系统不要求独家委托，出卖者可以委托不同的经纪机构，也可以委托不同平台的经纪机构挂盘。目前，在贝壳平台上，只有第一个将客户信息录入平台的经纪机构可以作为房源信息端获得相应权益，在58集团的平台上，各经纪机构只要接受委托，都可以发布房源信息。

（五）追求的网络效应不同

MLS的本质也是搭建起了一个平台，但MLS是只对业者开放的B2B网站，追求的是房地产经纪机构和经纪人员的同边效应。MLS起源于房地产经纪机构的业务合作，其服务对象是经纪机构和人员，通过连接拥有房源信息的挂盘经纪人员和拥有客户的销售经纪人员，为他们提供互动机制。由于主要服务对象是经纪人员，MLS的页面设计专业性很强，包含大量的数据和图表，页面设计较为单调，字体较小。现在MLS虽然也对消费者开放，但是其服务对象依旧以经纪人员为主，页面设计效果对消费者的吸引力较差。

贝壳式的经纪平台企业既追求同边效应也追求跨边效应。从创立之初，贝壳平台就考虑到了跨边网络效应。平台商业模式的精髓在于打造一个完善的、成长潜能强大的"生态圈"，能够有效激励多方群体之间的互动。出于提高成交率的需要，平台生态圈里的经纪人员群体会有越来越多的经纪人员加入，这是同边效应，经纪人员的加入会带来平台上有关房地产的供需信息和各项服务增加，对消费者的吸引力增强，消费者的增加又会带来更多的委托和交易机会，对经纪人的吸引力进一步增强，这是跨边效应。当同边效应和跨边效应都为正且效果显著的时候，良性的循环机制就产生了，通过平台交流的各方都会促进其他方的无限增长。由于贝壳平台不仅追求同边效应还追求跨边效应，所以在网页和功能设计上充分考虑了消费者和经纪人员双方的需要，平台投入专业人员研究消费者和经纪人员的需求、心理、网络使用习惯等，增强对消费者和经纪人员的吸引力以及黏性。

（六）收入来源不同

MLS 的收入来自于：使用该系统的经纪人的会员费、整合房地产信息打包出售给各研究机构和大专院校的收益以及咨询收益。其中会员费是主要收入来源，由于会员众多，尽管会员费低廉，但 MLS 的收益总量非常可观。作为非营利组织，MLS 以维持系统运转的成本为限决定收取费用的高低，大约每个经纪人月费 40 美元，与经纪人月均 4500 美元的收入相比仅占不足 1%。

我国平台企业式经纪信息共享系统的收入来源主要有：①佣金分成；②赋能服务收费；③购房商业贷款银行返点；④内部服务。与 MLS 相比，企业平台式房地产经纪信息共享系统获得收入的方式更加丰富灵活，除了当前成交分佣的方式，也可以依据经纪人员使用的人数、次数、时长等来收费。按照贝壳未来希望成为居住类综合平台的愿景，贝壳未来可能的收入还有以下来源：①广告收入。居住类相关产品和服务的供应商可以在贝壳平台上发布广告；②其他加入平台的企业的使用费或者收益分成。入住平台的企业需要交纳一定的平台进驻费、网络店铺装饰费等，也可以从盈利中抽取一定的比例分成；

③数据资源收入。平台上的交易数据、浏览数据、交流数据等，本身就是重要的资源和财富，经过汇集整理分析，可以提供很多有用的信息，可以创造财富；④咨询收益，基于平台的赋能服务、数据资源，平台可以提供咨询、为平台外企业提供问题解决方案和外包服务等。

（七）保护倾向不同

MLS 更有利于经纪人利益的保护，贝壳平台模式更有利于消费者利益的保护。MLS 中，独权委托保证了一定时期内 MLS 对房源信息的垄断，由此带来房屋买卖双方对该系统的依赖，在佣金费率上缺乏议价能力，因此更有利于经纪人利益的维护。从世界范围来看，美国的房地产经纪佣金费率处于较高水平，美国的佣金费率为 6%～8%，而其他国家大部分为 2%～3%，有些甚至更低。在我国，贝壳平台模式诞生于市场不景气、激烈竞争的背景下，目前在平台上，佣金费率最高能达到链家的 2.7%，而非链家体系的经纪公司佣金费率较低。从长远来看，如果贝壳未能迅速成长为独角兽企业，则我国房地产经纪平台的数量还会增加，在平台之间会有激烈的竞争，为了吸引经纪机构，平台在收取费用上会相互竞争，经纪机构为了吸引消费者，对佣金费率也会有竞争，因此，平台模式更有利于消费者利益的保护。

第三节　我国企业平台式房地产经纪信息共享系统对行业的影响

企业平台式房地产经纪信息共享系统的诞生对我国房地产经纪行业未来的发展会产生巨大的影响，房地产经纪行业的主体、行业竞争格局、行业生态环境都会为之发生改变。但是，企业平台式房地产经纪信息共享系统在我国刚刚出现，目前还处在探索和完善期。

一、贝壳平台所引发的行业变化

（一）行业内竞争主体的变化——从经纪机构之间的竞争变成平台之间的竞争

平台型企业的出现，使房地产经纪行业的竞争明显升级，从单个经纪机构之间的竞争走向平台之间的组团对抗。在信息共享平台中，一家经纪机构只能加入一个平台，选择平台对于经纪机构来说无异于站队，而平台抢夺经纪公司队友的竞赛已经展开。

贝壳平台一出现便引发了行业的巨大关注和警惕，其快速发展更引发了传统房地产经纪企业和信息发布平台的强烈不安。58集团立刻视贝壳为最大的直接竞争对手，甚至对使用贝壳平台的经纪机构停止服务，以遏制贝壳发展。2018年6月12日，由58集团、我爱我家集团、中原地产、21世纪不动产中国、万科物业、麦田房产、中环互联、新环境、龙湖冠寓等国内领军房地产服务企业发起的"双核保真·以誓筑势"全行业真房源誓约大会召开。此次誓约大会是以真房源为基础，探讨各家企业在经纪人诚信档案、经纪公司和门店系统管理和信用保障标准建立及完善，以及IT系统建设、服务水平、数据和人员管理系统、交易保障体系等多层面展开信息互通和技术赋能，在房地产行业链条上进一步建立相对统一的行业标准。

58集团目前覆盖全国5万家经纪公司、7万个楼盘和千余家品牌公寓机构，超过130万、全行业近九成经纪人使用58集团提供的服务。但是58同城本质上是信息发布平台，平台上的经纪机构之间没有合作，平台与经纪机构之间的关系也比较松散，经纪机构对平台并没有很强的黏性，转换成本是比较低的。和贝壳所形成的经纪机构对平台的深度依赖和高度黏性相比，是初级平台，会受到贝壳的巨大挑战和威胁。对此，58集团有深刻认识，58同城CEO姚劲波开始强调结盟的重要性，他提出未来58要加强同行合作，甚至每一个经纪公司只切入交易中的一个环节。为了应对贝壳的竞争和平台的长远发展，本次誓约大会上，58集团主要采取了以下措施：

1. 创立行业"真房源"的全标准体系，58集团与行业中较为领先的经纪企业以共建标准、共享资源为内核，联手各展所长，实现房源售前"中介+平台"双核验，售后"全流程+全品牌"全保障的房产服务平台真房源产品机制建设。同时，58集团准备了1亿元理赔基金，保障房源的用户体验，未来也将与各家公司在用户资金安全、行业数据互通等方面加强合作赋能。这为在国内经纪行业和房产交易市场建立公正、合理的规则体系提供了制度保障。

2. 58集团打造的行业共享的房源基础信息库——房源全息字典2.0，在2018年"58神奇日"峰会全面升级应用，涵盖全国640多个城市、55万个楼盘小区的2.5亿户室房源信息。

3. 加强房产经纪人信用体系的建设，进一步提升服务质量，优化行业口碑。全站经纪人身份识别互通已在58集团旗下58同城、安居客、赶集网三网平台实现，有助于在行业形成基础的经纪人档案库。58房产服务"神奇分"系统继续对企业、经纪人进行行为核验和评价，帮助用户快速筛选优质服务提供商，并激励从业者不断提升服务水平，通过维护星级评分打造自身专业品牌。

4. 58集团面向全行业提供VR看房产品——临感。临感采用微软架构师，可以带给用户完整的信息、真实透视感的体验，将看房由传统的线下搬到线上，达到"所见即所得，全真复刻"的临感。58集团的临感VR看房产品简化了VR技术门槛，在降低VR拍摄工具成本的基础上，让经纪人10分钟内就可以轻松完成一套房源的全景录制，帮助经纪门店及经纪人与房东、用户、同行快速联动，提高工作效率，降低企业运营成本。

从房地产经纪行业目前的发展态势来看，平台公司必须达到相当的规模才能生存下去，所以抢夺经纪公司队友的竞赛必将非常激烈。目前58和贝壳之间的组团对抗并不在一个层面上，58平台虽然也对企业进行了赋能，但是并没有形成信息共享和分工协作机制，经纪机构的客户黏性并不大，平台转换的成本比较低，2018年和58集团一同召开真房源誓师大会的21世纪不动产在 2019 年 4 月宣布脱离 58 平台，开始了和贝壳找房平台的深度合作。但是相比于贝壳来说，58 集团下的几个信息发布平台上线历史比较长，在消费者中的影响力比较大，相当数量的消费者养成了在这些网站的浏览和搜索习惯，因此可以从非房地产板块引流客户，这是 58 集团的优势。贝壳作为一个新网站，在消费者用户积累和使用习惯养成上处于劣势，但是，贝壳突出自己是一个专业居住类平台，如果这一形象随着广告、推广和使用者的口碑效应塑造成功，大家可能会认为专业平台的效果更好，那么贝壳的吸引力将大大增强。

（二）行业竞争秩序的变化——增加了平台监管

自房地产经纪行业复苏以来，在中国社会大众的眼中，房地产经纪行业是一个混乱而无序的行业，在快速成长的过程中，虚假房源、吃差价、阴阳合同、骗取客户签订独家委托合同、不合规金融活动、经纪机构负责人卷款潜逃等行为屡见不鲜，经纪机构在激烈的竞争中也总是寻找政策漏洞，打擦边球，行业监管仅仅依靠政府机构和行业协会的自律管理难免力不从心。

当房地产经纪行业进入平台竞争后，在现有的监管机制之外，又增加了平台监管这一层次，各平台都会对加盟企业实施实质性约束。比如无论贝壳还是 58 都提出保证"真房源"，也都建立了数据库来核验房源信息的真实和准确，平台对房地产经纪机构的行为都有规则约束，并通过平台检查、同行互查等方式予以监督、奖惩。在政府和行业协会管理力量有限的情况下，平台层次的管理是实实在在行之有效的，因此平台企业的出现，有利于房地产经纪行业经营规范性的提高，优化整个行业的竞争秩序。

（三）经纪机构之间关系的变化——竞争与竞合并存

当房地产经纪行业中的竞争由单个经纪机构的竞争演变为平台竞争后，房地产经纪机构之间的关系发生了变化。在经纪信息共享平台出现之前，所有的房地产经纪企业之间都是竞争关系，区别仅仅在于在同一区域从事同一类型房地产经纪的企业之间是针锋相对的直接竞争,而目标市场不同的经纪企业之间是非直接竞争(图6-4)。当房地产经纪平台出现之后,房地产经纪机构之间从原先单一的竞争关系演变为多个层次的关系:平台内经纪企业间是竞合关系,平台外企业间是竞争关系。平台内的企业在房源获取、促成交易之间存在竞争,而一旦房源信息发布后,各经纪机构和经纪人员都可以参与销售,在销售过程中,各个环节的参与者之间要紧密配合,不同的经纪机构之间又构成合作关系(图6-5)。在不同的经纪平台之间,是平台与平台的竞争,既有类似平台的直接竞争,也有目标市场不同的平台之间的间接竞争,分属不同平台的经纪机构之间也是竞争关系。

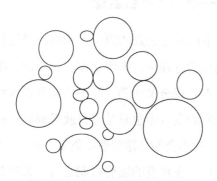 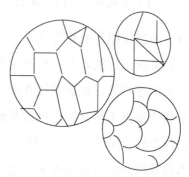

图6-4 单个房地产经纪企业竞争　　图6-5 经纪信息共享平台下的竞争

(四)经纪人员和经纪机构之间关系的变化——经纪人员对经纪机构的依赖性降低

在没有房地产经纪信息共享系统时,经纪人员对经纪机构的依赖度很高,大型经纪机构店铺数量多、人员数量多、资源充沛、信息广泛,有专业技术资源,经纪人员可以获得更多的支持和帮助。经纪人员和经纪公司之间,第一,有法律主体和业务主体之间的关系,经纪人员作为经纪公司的职员开展业务活动,所有的费用来往必须经过公司账户,不能个人收取,一旦经纪人员由于职务行为出现法律纠纷,首先承担责任的是经纪公司,然后才是经纪人员的个人责任。第二,经纪人员作为经纪公司的职工,与经纪公司有经济依赖关系，经纪人员作为经纪公司的雇员要签订劳动合同，经纪公司需要在整个雇佣期间遵守《劳动法》的各项条款，包括最低工资、保险和住房公积金等。第三，经纪人员作为公司员工与经纪机构之间存在行政管理关系，经纪公司需对员工提供必要的安全保障、职业培训以及要求员工遵守公司的各项管理规则，员工有义务完成公司布置的各项工作，遵从公司指令、遵守公司规定。

在企业型信息共享平台模式下，经纪公司仍然是经纪人员的法律主体、业务主体以及行政管理主体，但是经纪人员对经纪公司的依赖性大大降低，长远来看，贝壳的管理体系可能成为孕育中国第一代独立经纪人系统的孵化器。在 MLS 的环境下，国外的房地产经纪人员和经纪公司之间更多的是合作关系，经纪人员作为独立经纪人加入某个经纪公司，但是并不从中领取工资，相反，需要向经纪公司按照比例分成佣金，换取公司对员工业务活动、办公空间的提供和统一的管理服务。因此，经纪人的工作自由度大大加强，房地产经纪人成为工作时间自由、工作地点自由的一种工作。贝壳平台也将促进我国独立经纪人的出现。

（五）经纪机构的变化——房地产经纪机构向专业化、小型化转变

入驻贝壳平台后，房地产经纪公司不需要再维持庞大的职能管理部门。比如德祐公司进入贝壳后，以前的公司职能部门基本消失了，所需的职能管理功能改由平台提供。链家也正在走这条路，链家公司会逐步把全部职能部门转移到贝壳，成为贝壳为全体平台加盟商提供专业服务的职能部门，这样既能让链家轻装上阵，也提高了贝壳平台的服务效率和能力。在信息共享平台的支持下，房地产经纪公司摆脱了支持性、辅助性职能，会出现小型化、专业化趋势。

二、我国企业平台式房地产经纪信息共享系统面临的一些问题

以贝壳找房为代表的企业平台式信息共享系统在我国是刚萌生的新鲜事

物,正处于完善和发展的阶段。当前,随着贝壳的运行,其不足也有所呈现,如何规范企业平台式房地产经纪信息共享体系成为需要解决的问题。

(一)平台与经纪机构关系过于紧密有可能影响其公平公正

作为一个为所有加盟房地产经纪机构提供服务的第三方平台,贝壳应保持独立性,这样才能确保其对所有经纪机构的公平。但是贝壳"身世"特殊,链家作为贝壳诞生的母体和基础,与贝壳的关系太过紧密,对贝壳的影响太过重大。贝壳的成功在很大程度上得益于链家,尤其是早期平台需要的大量资源投入完全依赖链家。除了资金,链家经纪资源的大量投入更是贝壳早期"造市"和"造势"不可或缺的,没有链家直接带来的房源、人员、管理制度等无形资源,贝壳的发展不可能这么迅猛。但是贝壳和链家这种特殊的亲密纽带同时也带来了人们的疑虑和其他经纪机构的困扰:同一个主体既是平台又是客户,相当于集运动员、裁判员于一身,在某种程度上这种"平台和客户一家"的状况对于其他客户可能会有失公平。

(二)平台对加盟经纪机构的管控深广

贝壳的赋能服务是一把双刃剑:一方面,为大量中小型经纪机构增添了自身难以生长出来的能力,可以小身量办大事;另一方面,也使得经纪机构严重依赖平台,受平台的深度管控。与传统的房地产信息平台的广告媒体作用不同,使用贝壳平台的所有经纪机构必须分享房源信息,使用贝壳的交易系统,交易资金由平台监管,佣金由平台按规则分配。尽管贝壳一再强调自己是平台而不是经纪机构,但是"贝壳"在消费者眼中已经成为全国最大的经纪品牌,从某种角度说,贝壳更像一个有着强管控能力的经纪机构,只不过这个经纪机构又被包装了不同的品牌而已,出于对贝壳平台管控的戒心,21世纪在加盟贝壳时的底线是"不能接受让加盟商采用贝壳系统"❶。由于贝壳平台的深度

---

❶ 李艳艳. 21世纪不动产反水. 贝壳董事长左晖一度笑得合不拢嘴[EB/OL]. [2019-04-17]. http://finance.sina.com.cn/chanjing/cyxw/2019-04-17/doc-ihvhiewr6631774.shtml.

管控,如果平台上的房地产交易出现问题,除了当事经纪机构承担相应的责任,贝壳平台是否应承担部分责任呢?目前贝壳的管理体制是各经纪机构以自己的名义和客户签订合同,为自己的交易负责,但是大家对此有一定质疑,认为平台也应该承担相关责任。

(三) 消费者知情权不足,权益难以保障

贝壳平台上存在双重加盟,品牌经纪机构加盟贝壳平台,各店东加盟品牌经纪机构,由于各店东均为独立法人,从法理上说,平台不需要对品牌负责,品牌只在加盟条款范围内对店东负责,但是消费者冲着贝壳的声誉而来,并不知道各加盟品牌和各店东和贝壳之间的关系。实际操作过程中,加盟店东一旦出现严重违规经营,或严重损害消费权益如卷款跑路等现象时,贝壳平台仅仅只是做摘牌处理,并未对如何追偿消费者已经受损的权益以及弥补受到破坏的行业声誉采取有效的预防和解决措施。因此,贝壳需要完善制度,对平台上所有加盟的品牌和店东的行为承担责任,通过平台保证金预先赔付,然后再向违规经营的品牌经纪机构或店东追责。

(四) 可能形成行业垄断

多年以来,房地产经纪行业一直处于自由竞争的状态,即便有一些地方性的大型房地产经纪机构,但是从全国来看除极少数城市外,都没有形成垄断竞争的格局,但是贝壳的出现有可能打破这种格局。贝壳平台通过以链家为主,德祐等品牌为辅,又联手自如,扩大自己在售房租房领域的规模及影响力。线上贝壳平台+线下链家/德祐+外围自如的布局,通过轻资产品牌加盟运作方式,将自有品牌和中小机构资源进行整合,通过这样的方式将大量其他经纪机构捆绑在以链家为核心的贝壳战车上,形成准一体化的战略组团,很容易形成市场垄断地位。

附录 访谈一

时　　间：2016 年 11 月 10 日
地　　点：上海绿地中心 A 座 1607
访谈人员：胡正华（上海青客公共租赁住房租赁经营管理股份有限公司总裁）

刘建利（北京建筑大学经管学院副教授）

刘：您认为房地产经纪信息共享系统的构建对经纪公司的经营会产生怎样的影响？

胡：房地产经纪行业有三大要素——房源、客源和人（包括经纪公司和经纪人员），三者缺一不可，但是在不同的市场环境中，三者的重要程度不一样。当前在一线城市，房地产依然普遍处于供不应求的状态，尤其是优质房源严重供不应求，在这种情况下，房源的重要程度远远超过了其他两个因素。经纪行业有句话叫"得房源者得天下"。这种情况导致经纪公司过度依赖于房源控制，利用信息垄断获取收益，经纪公司会非常重视房源获取和房源信息保密，而不是在信息公开的环境中依靠提升服务质量获取利益，这对于整个行业来说产生了两个不良结果：一是整体效率降低；二是行业整体形象的劣化。

构建信息共享系统对房地产经纪公司经营的正面影响是巨大的，

主要体现在以下几方面：

（1）行业信息共享系统将使目前隐藏的、封闭的、割裂的、垄断的大量信息变得公开透明，使得基于大数据的各种经济分析得以进行，实现经纪企业的精细化、定量化管理，管理的科学性将大大提高。比如现在有关交易的核心信息我们无从得知，交易价格、交易条件等信息都只在公司内部才能看到，但除了成交量极大的个别公司，各公司的数据数量少，这种割裂的、碎片化的数据变得无效，被浪费掉了。如果引入信息共享系统，会让数据的价值充分发挥，比如通过交易价格和交易量、交易时间等因素的数据分析，建立模型，我们就可以预估市场行情，经纪人面对客户可以告诉他如果报价上升5%，交易时间将有可能延长多少、成交概率会降低多少等。这可以大大提高行业管理和服务的科学性。

（2）如果引入当前国外通行的信息共享系统MLS，显然会彻底改变我国房地产经纪公司的经营环境和生存状态，会导致经纪行业整体经营方式和竞争方式的重大改变。在房源信息公开透明、经纪人之间相互竞争合作的行业生态环境中，企业必然将努力的重点放在提高服务质量上，服务质量的提升带来的行业形象提升对房地产经纪的发展将产生深远重大的影响。

（3）信息共享系统将带来经纪行业的效率大幅提高，交易成本大幅下降。现在房源信息重复收集、发布，企业之间实行信息封锁，经纪人之间相互戒备、甚至拆台，这些做法耗费了精力、浪费了资源，严重降低了行业整体的运行效率，增加了交易成本。

刘：　　胡总，您认为房地产经纪信息共享系统对大型经纪公司和小型经纪公司的影响相同吗？我进行了一些调研，发现大公司大多已经建立了内部信息共享系统，而全行业的信息共享可能导致房源信息流失，因而并不热衷于建立行业信息共享系统，但是小公司由于缺乏内部系统的支持，对行业信息共享系统的需求度更高，建立的愿望更迫切。您认为对建立行业信息共享系统的态度是否存在这种大小公司之间的差异呢？

胡： 您说的情况的确存在，但只是问题的一个方面，对行业信息共享系统的态度并不是完全根据企业规模出现差别的。大公司虽然占有的市场份额相对较高，但是如果实施行业信息共享，凭借其完备的服务和强大的后台支持，可以进一步扩展业务，所以不会拒绝这个系统。而大部分小公司实行的是区域精耕运作方式，他们往往守着一个社区或一个较小的区域，并不超越这个区域范围，对本经营范围内的房源了如指掌，没有借助系统扩大经营规模的需求。因此，小公司不一定有建立行业信息共享系统的强烈渴求。

刘： 据您了解，我国当前房地产经纪信息共享系统构建进展到什么地步？是否进行了一些尝试？有没有哪些地方或公司构建实施了类似的系统？效果如何？

胡： 在房地产经纪行业建立信息共享系统，存在需求和相应的利润空间，行业内外的很多人都看到了在当前各种资金都在寻找投资机会的背景下，如果条件具备，应该是个发展很快的领域。但目前的实际情况是，大家不敢涉足，令大家望而却步的主要原因是推行行业信息共享系统的前提条件存在重大的制度性缺失。

刘： 您所说的制度性缺失是指独权委托制度没有建立吗？

胡： 是的。我们知道房地产经纪行业属于信息服务行业，实质为信息处理中枢。如果没有完善的利益保护制度，信息的可共享性将导致公开信息的一方面临巨大的损失，凡是获取该信息的人和组织都可以利用该信息获利，而几乎不用付出任何成本，对于公开信息的经纪公司当然是弊大于利的。因此，在当前缺乏相应利益保护制度的环境下，尽管这个领域商机无限，很多人心动，但基本没有实质性进展。

刘： 对于建立房地产经纪行业的信息共享系统的难点所在，人们提出了很多看法，比如独权委托在我国很难获得法律上的支持，而且和消费者习惯不符；还有大型公司鉴于已有较为完善的内部信息共享系统，态度不积极；经纪人之间相互不信任，对该系统持怀疑态度；没有适当的推行主体等。那么，您认为我国实现房地产经纪信息共享的主要难点在哪里呢？

胡：　　你所说那些困难都存在，但我认为最主要的困难是独权委托制度难以推行，这是根本性的制度缺失。独权委托限定了在一定时间内（一般为3个月），受委托的经纪公司享有独家销售权，在此期间内，只要该不动产被售出，无论销售者是谁，得到独权委托的公司均可以获得佣金。独权委托限制了卖方对房源的多次挂牌，避免了重复挂牌的低效和浪费。独权委托看似垄断，但是和信息共享系统配合使用，实际上存在更广泛的竞争，因为所有加入该系统的经纪人员都可以参与销售，这样保证了整个行业的高效运行。独权委托和信息共享配合使用，必须有明确的利益分配机制来保证房源信息获得者和交易促成者得到应有的利益。如果没有独权委托只有信息共享，那就意味着对房源信息获得者近乎完全的利益剥夺，因为根据美国的数据，大约只有5%的房源获得者自己促成了交易，其余90%以上的交易都是由别的经纪人促成的。链家网曾经对房源信息公布得较为详细，很快其他公司的经纪人员就顺藤摸瓜找到了房主，通过多种方式达到房主委托的目的。一段时间后，链家外网公布的信息越来越保守，目的就是保护房源信息。由于我国没有独权委托机制，在当前"得房源者得天下"的大环境下，各个公司都对房源信息严格保密，不仅防着其他公司，也防着内部人员泄露信息，有些公司为了防止内部人员泄密，经纪人员和房主的每次通话都会被录音，甚至经纪人员只能通过公司的信息系统和房主沟通，而经纪人员根本看不到房主的电话号码。

　　所以，没有独权委托的制度前提和保证，房地产经纪信息共享系统只能是空中楼阁，难以落地。其他的困难我认为都只是转变过程中的阶段性困难，假以时日，就会改善，而且所需时间不会很长。

刘：　　那么您认为我国独权委托机制难以建立的主要症结在哪里？是我国

的法律制度不支持？是和消费者的习惯不符？还是社会不认同？

胡：　　首先是法律制度不支持。即便是签订了明确的独权委托合同，一旦发生顾客跳单，经纪公司起诉到法院，法院在判决中，常常以格式合同或其他理由，不支持或不完全支持经纪公司提出的收取全部佣金的请求，最好的结局就是判给少量的辛苦费。鉴于打官司的高成本，经纪公司现在也不愿通过诉讼的途径解决问题。由此造成的客观现实是，房东的违约获益较高而违约成本很低。

　　在房源紧俏的卖方市场下，消费者对独权委托也不认同。房主总希望多给自己一些机会，而且认为开放委托一定能带来更大的信息传播面，吸引更多的购买者，进而自己更有可能获得最大收益。买方也希望货比三家，看看在经纪公司之间相互竞争的情况下，能不能少掏些佣金。在没有信息共享系统的情况下，消费者的这种行为都是理性选择的结果，因此，这时候缺乏信息共享系统又反过来降低了独权委托的接受度。

刘：　　我想法律上不支持独权委托可能和社会上对房地产经纪行业的不认同也有一定关系，因为法律常常反映了社会的主流价值判断。从全社会来看，普遍没有认识到经纪的价值所在，甚至认为经纪在某种程度上是买卖双方直接交易的障碍。人们认为经纪人员付出的劳动就是带客看房、帮忙办手续，认为如此简单的劳动，一次收取成千上万的佣金是一种不太道德的行为。由于中介的性质，人们认为经纪行业是买空卖空，甚至是投机倒把。在客户和经纪公司的关系上，也认为是经纪公司是利用一些信息屏蔽或曲解欺骗的方式让顾客签订了独权委托的格式合同，因而倾向于维护作为弱势群体的客户。

胡：　　是的，社会上目前普遍没有认识到房地产交易是一种不同于普通商品的特殊交易，直接交易不仅成交率低，而且风险成本很高。为什么我们现在的"手拉手"成交率低于10%，一个是信息传播困难的原因，还有就是直接成交的后续环节很容易出问题，在没有专业人员介入的情况下，交易合同签订后在贷款、交款、验房、过户等环节问题层出不穷，常常导致纠纷甚至交易破裂，或者遗留问题众多。这种情况说明经纪是房地产交易不可或缺的，房地产经纪的价值就体现这里。或许社会对经纪行业的认同还需要时间，也需要经纪行业提高服务水平和职业道德来促进这种认同。

刘：　　我做过一些调查，发现经纪人员对信息共享系统本身很感兴趣，但是对这个系统中佣金分享机制持怀疑态度。他们觉得在一个公司内部都很少合作，合作后的利益分享更难，更遑论不同公司之间员工的利益分享了。链家公司作为全国最大的房地产经纪公司，在内部实行了信息公开，但是员工不习惯合作，为了鼓励员工分享信息彼此合作，公司采取了特别措施，对员工的分享信息等合作行为予以记录和奖励。这是不是也是信息共享系统推行的障碍呢？

胡：　　当然，从业人员的接受度和执行度显然是共享系统得以推广的条件之一。其实无论是在公司内部还是外部推行信息共享系统，都需要一个详细的规则来确定房源获得者、交易促成者以及信息贡献者之间的利益分享比例，这是制度基础和前提。当前，小型经纪公司因为服务范围较小，员工人数少，实行公盘制，全部信息在公司内部公开，因为员工之间彼此熟悉，工作中原本就是相互依赖和帮助的，即便公盘制没有明确划分利益，也能运行。但是大中型经纪公司普遍实行私盘制或分区公盘制，这时就必须有一个详细又公平的利益分享制度。为了保护房源，会在房源信息查看上严格限制。公司为了鼓励地域精耕细作，一般不鼓励跨区域销售。链家推行内部信息共享，配套了详细的信息记录和佣金分享制度，不仅对房源获得者、交易促成者有明确的分享细则，而且对于那些虽未最终促成交易，但是乐于分享有价值的过程性信息的人员也予以一定奖励，这样做是为了更好地创造和谐的合作氛围。信息共享解决了房源获得时的过度竞争，但是在销售阶段仍然竞争激烈，为了避免在销售时的彼此戒备、封锁甚至拆台的行为，公司对于分享信息的行为也予以鼓励，创造公司内部竞争合作型的生境。

当然，制度建立后，让经纪人员转变观念和行为方式需要一定的时间，但是人的行为是制度的产物，只要利益分享机制明确合理，自然会引导员工的行为朝着某个方向发展。

刘：　根据您前面的分析，显然您认为推进我国房地产经纪信息共享系统构建的主要对策在于大环境的改善，最核心的一点就是独权委托首先在法律上得到确认和支持，这也是转变社会认知，教育消费者的重要途径。那么在建立信息共享系统的主体上目前世界各国有不同的做法，有政府出面建立的，有企业建立的，最典型、最普遍的是由行业协会建立、推广并管理。您认为我们国家如果建立房地产经纪信息共享系统，谁当主体最合适呢？

胡：　之所以出现了这些不同的主体，而且都有成功的案例，恰恰是因为各国的国情不同。我们国家这三种主体都有推进和实施房地产经纪信息共享系统的愿望。但是政府作为主体不太符合当前精简政府、下放权力的执政理念。行业协会在我国情况也比较特殊，很多地方协会都是在政府的扶持下建立的，无论在服务理念还是在服务能力上都无法承担这项任务，即便在一些实力较强的大城市，由协会推进此事，仍然在动力和能力方面都不足。因此，在我国可能企业作为主体更为现实，或者是协会委托企业来做，当前不少企业很有意愿来做这件事。

从美国 MLS 的起源来看，最初经纪公司也是各自为政，直到行业整体效益下滑，几家大公司的管理者坐在一起决定联合起来降低运行成本，随后地方行业协会介入，成为行业乃至全国的信息共享系统主体。随着信息共享系统的影响和作用不断增强，各州政府和联邦政府出台相关的法律法规予以规范，对消费者的利益进行保护。

刘：　我认为由企业作为主体和协会或政府作为主体，是存在区别的。协会和政府都是非营利性的，以服务和管理为目的，因此，可以在一个地区通过建立一个网，将所有的房源信息纳入。从信息管理效率的角度而言，这样"一网打尽"的方式是效率最高、效果最好的，而且可以保证对会员收费低廉，仅以弥补成本为限。但是企业的本质是营利，为了避免垄断经营对经纪人员以及对消费者的利益损害，一个地区需要有多家企业参与竞争，也就意味着多个网络体系的存在，这显然与共享的初衷相违背，也降低了行业整体的效率。

胡： 你的这种担忧确实存在，所以现在 MLS 主要的推行方式是"协会组织＋企业运作"，行业协会制定规则并进行管理，但网络系统的具体运作都是交给专业企业来做的。其实该系统所蕴含的巨大的信息本身就是财富，这些信息的出售、整理分析后出售、在数据分析结果上的咨询服务出售等都能带来巨大收益，不一定把对会员的收费或者对使用者收费作为主要收入来源。

对于北上广深这样的超大城市来说，房地产市场本身就分区域的，因此在一个城市存在两到三个信息网也是正常的，只要有明确的行规即可。

刘： 佣金费率一直是倍受社会关注的问题，政府之前一直为了降低房屋购买者的负担不断调低最高佣金费率的标准，直到 2014 年 8 月政府放开了对佣金费率的限制。此后随着一些经纪电商涌入，各大城市都进入了佣金费率下行的通道。您认为推行经纪信息共享系统会对佣金费率产生什么样的影响呢？

胡： 对于佣金费率，大家似乎有一定的误解。首先认为佣金是给消费者增加了负担，因此提出佣金费率越低越好。这种看法没有认识到经纪行业的本质是节省交易费用，因此不是增加消费者的负担而是降低了消费者的负担，如果佣金超出了消费者自己买卖的成本，那么消费者自然不会选择经纪公司，经纪公司就没有了市场。佣金费率在一定的限度内，这是经纪行业存在的前提，因此，不会突破这个费率标准。其次，经纪公司的运行需要成本，行业发展和升级也需要一定的资本积累，如果政府用行政命令强制规定佣金费率，其实是对行业健康发展的损害。

现实当中我们可以看到，北京的经纪市场比较繁荣稳定，经纪公司有实力进行硬件升级，在产品研发和信息化方面投入都比较多、提供比较完善的职业教育提升经纪人员的素质，较高的收入水平也不断吸引更优秀的人才加入，这是因为北京的佣金费率一直维持在2.5%～3%。而上海的佣金费率原来上线限定为2%，在上海这样房租和人工都比较高的地方，这个佣金费率将经纪公司的利润压得很薄，因此阻碍了行业的健康发展。另一个典型的例子是温州，温州房价和炒房团都全国闻名，但是温州那么繁荣的房地产市场上却没有发育出大的、规范的经纪公司，因为当地的佣金费率上限被定为1.2%，这个费率水平显然无法支撑大型经纪公司的规范运转。

其次，大家认为经纪公司的佣金是房价和佣金费率的乘积，因此判断经纪公司存在天然的冲动，一是推涨房价，二是提高佣金率。这显然是过于简单的判断，因为能否收到佣金最主要取决于能否成交，如果推高房价导致成交失败，则一分钱佣金也得不到，所以经纪人员是劝高降低，劝低提高，争取双方妥协达成交易，因此不会推高房价。房价高低是由市场上供求双方的力量对比决定，不是经纪人员能够左右的。再来看佣金费率，除了我们前面所说的上下限的约束，即便在这个范围内，由于经纪公司之间存在竞争，因此也不可能脱离行业基准和服务水平任意提高佣金费率。佣金费率放开后，佣金费率进入下行通道就是这种竞争作用的显著表现。

但是，经纪行业和其他行业一样，在这个领域的投资也必须获得一定的收益水平，否则会出现资本抽离。经纪电商一开始靠着强大的资本支持和不开门店不养经纪人员的轻资产运行模式大幅降低了佣金费率，但是从2014年底到现在，经纪电商的经营已经在慢慢转变，他们也开始设门店、招固定的经纪人，而且如果没有持续的资金注入供烧钱的话，原先的费率显然无法支撑正常经营，因此，他们的佣金费率正在回升。

经纪信息共享系统引入的话，我不想讨论会对佣金费率产生什么影响，因为佣金费率的影响因素很多，单纯讨论信息共享系统的影响意义不大。我想强调的是引入信息共享系统后，佣金的取得将更主要是依靠服务获得，各企业之间的竞争焦点也集中在服务特色和服务质量上，整个经纪行业将从一种非良心利润转变到良心利润。

刘： 最后，请您总体谈谈房地产经纪信息共享系统对整个行业将产生什么作用？

胡： 房地产经纪信息共享系统对行业产生的影响是多方面的，除了我们刚才讲过的提高整个行业的运行效率、改善行业生态环境、产生有价值的大数据以外，还有其他的作用，比如对政府加强管理能产生积极作用。当前政府对存量房的真实价格并不能准确掌握，一方面影响了政府的政策决策，比如对于市场变化的判断，对于征收补偿的合理补偿；另一方面也影响了政府的税收，很多交易者在纳税时并不上报真实成交价，只要不低于政府的评估价即可。由于今后的房地产市场将以存量为主，而存量房的交易借助经纪公司的比例很高，通过这个系统，政府可以了解房地产的真实情况，进行更合理的调控，同时减少税收损失。

此外，由于房地产经纪信息共享系统会引导企业将精力主要放在提升服务质量上，行业形象的改善会大大提高社会对行业的接受度，也会吸引更多有才华的优秀人才加入，进一步提升行业的成长性，优化行业服务。

这个系统对房地产经纪人员来说也是一个改善工作状况的机遇。这个系统能大幅度提升经纪人的自由度，也减少了经纪人员对经纪公司的依赖。这对于提高该行业对年轻人的吸引力大有帮助。

刘： 胡总，非常感谢您详细讲述了您对我国房地产经纪行业建立信息共享系统的看法，作为业内人士和管理学博士，你的见解既有理论深度又来源于实际工作。希望今后能有更多机会和您交流讨论，谢谢！

胡： 信息共享是房地产经纪行业未来发展的必然方向，现在需要的是成熟的条件，我会继续关注。很高兴能相互交流！

附录 访谈二

时　　间：2019年6月23日
地　　点：大连链家万达华府店
访谈人员：陈俊英（贝壳找房平台大连站客户赋能中心经理）
　　　　　申跃（贝壳找房平台大连站加盟中心BD）
　　　　　刘建利（北京建筑大学经管学院副教授）

刘：　　两位经理好！2018年4月23日，贝壳找房大平台正式上线，这是我国第一家专业的房地产经纪平台公司，真正开启了中国房地产经纪行业的跨企业信息共享。从2019年4月23日贝壳公布的一年成绩单来看，贝壳找房在短短1年的时间中已经实现了跨越式的大发展，业务覆盖达98个城市，160个经纪品牌加入，20多万名经纪人加盟为客户提供服务。我们都知道，贝壳是脱胎于链家地产公司的，二者联系紧密，能介绍一下链家和贝壳之间的关系吗？

陈：　　贝壳找房平台是在链家网的基础上升级而来的，但贝壳不是对链家网的迭代或升级，而是一个新型的公司。二者是两个独立的公司，不过贝壳的主要投资人就是链家创始人左晖和其他投资方。贝壳是个互联网平台公司，链家是个房地产经纪公司，二者的性质不同。贝壳成立后，链家作为加盟贝壳的公司之一，和其他加盟贝壳的经纪机构一样，链家全部房源上贝壳、链家经纪人全部入贝壳。当然，链家对于贝壳的贡献和支撑是其他经纪机构无法替代的，链家的后台资源都提供给了贝壳，无论是从技术、人员和管理上都成为贝壳发展的基础，对贝壳的发展起了巨大的支持和促进。比如链家的精心打造的"楼盘字典"提供给贝壳使用，"楼盘字典"作为城市房地产数据库，房屋覆盖率高，房屋信息真实可靠，出于方便交易的需要，楼盘字典所提供的房屋信息比政府房地产管理部门的数据更全、更细，这为贝壳平台的高效运转提供了坚实的基础。此外，一些加盟贝壳平台的小经纪公司是从链家裂变出来的，可以说链家在某种程度上也为贝壳孕育了大量的加盟主体。在链家公司发育成熟的 ACN 分工分佣制度也成为贝壳平台上跨机构经纪人之间合作共享的制度基础。

刘： 贝壳找房 CEO 彭永东曾表示不远的将来，贝壳将覆盖全中国 300 个城市，服务超过 2 亿社区家庭，链接 100 万职业经纪人员和 10 万家门店，赋能超过 100 个品牌。现在看来赋能超过 100 个品牌的短期目标已经实现，可见贝壳发展势头不错。那么贝壳在大连的发展状况如何？

陈： 大连在我国城市房地产经纪市场中，是发育比较规范而且成熟的地区。在全国房地产经纪市场中，大连实现了几个"第一"：一是第一批启动房地产中介市场的城市；二是第一个实施房地产经纪机构实施双向收费的城市；三是第一个实施房地产中介机构保证不吃差价的城市；四是第一个房地产中介进入新建商品房的城市；五是第一批次实行全面资金监管的城市。因此大连房地产经纪行业环境比较好，有利于贝壳找房平台的发展。

目前，大连加盟贝壳找房平台的品牌经纪机构主要有：链家、德祐、优铭家、购房网房屋、合宇、安佳邦、百港、一城一家、亿达等公司。其中链家、德祐都有 400 家以上的门店，优铭家有 100 多家门店，合宇 30 多家门店，其余品牌有 10 家以上的门店。

刘： 贝壳找房上的加盟商都是用自己的品牌吗？

陈：　　不是的。贝壳找房平台允许有10家以上店铺的加盟商使用自有品牌。目前在大连加盟平台的很多小经纪公司是从链家和好旺角这些大经纪公司裂变出来的。

刘：　　我们都知道链家作为全国最大的房地产经纪机构对贝壳的支持很大，那么贝壳平台的出现又对链家带来哪些影响呢？

陈：　　我谈一下我的体会啊。首先，贝壳给链家带来了更大的平台。虽然链家是全国最大的房地产经纪机构，但链家只在少数城市占有市场优势，即便在链家最具竞争力的北京，链家也只有半数的房源，全国绝大多数城市都是区域性的地方品牌占优。以大连为例，链家的店面数量只占全市房地产经纪机构店面数量的三成左右，加入贝壳后，大连链家的平台更宽阔了，链家的经纪人可以和平台上其余的600多家门店的经纪人合作促成交易。我们知道，无论经纪人的个人能力有多强，都只能做商圈儿，每个人的服务半径有限，而客户的需求在区域上是分散的，必须和其他经纪人合作，否则成交率会比较低。以前链家经纪人员只能在内部进行合作，范围还是有限，加入平台后，门店数翻倍，平台上的经纪机构越多、门店分布范围越广、参与的经纪人员越多，带来的房源和客源信息都会大量增加，成交速度会显著加快。根据我们的统计，目前大连贝壳平台上房屋成交的单边比是3.1多，就是说平均每成交1笔业务，需要3个多经纪人员合作，这些经纪人员经常是跨公司的。

　　其次，入驻贝壳平台后，房地产经纪公司的经营成本下降了，因为公司不需要再维持庞大的职能管理部门了。德祐公司进入贝壳后，以前的公司职能部门基本消失了，因为所需的职能管理功能现在由平台提供了。链家也正在走这条路。链家公司会逐步把全部职能部门转移到贝壳，成为贝壳为全体平台加盟商提供专业服务的职能部门，既能让链家轻装上阵，也提高了贝壳平台服务效率和能力，实现多赢。

　　除此以外，加入贝壳平台后，链家还向轻资产运营更进一步，以前链家多数店面都是直营店，总成本中店面房租约占 1/5 ~ 1/4，经纪人费用约占六成，入驻平台后，链家公司实施了一个重大转型，将店面由直营改为店东制。店东的固定成本包括房租和水电，每月的业绩要达到5万~6万元，能保本，否则就成了店东给经纪人打工，当然实现业绩越多店东的收益越丰厚。一些店东本身就是优秀的经纪人，但他们或许没有完善的管理经验和技能，由平台为店东提供各种管理服务，恰恰解决了店东的难题，使店东的收益有保证。这是链家店东制转型顺利的主要原因，从链家分裂出的小公司不再依赖于链家而是依赖于平台，链家公司对于留下的各个店东而言，其意义主要表现在品牌效应，作为全国知名的经纪品牌，在消费者中有强大的影响力。

刘：　　那我们可以认为贝壳目前取得成功主要是因为得益于链家的品牌和门店数量吗？

陈：　　贝壳和链家关系密切，这一点不可否认，但贝壳从链家继承的主要是服务能力。品牌和门店固然重要，但并不是核心竞争力，平台的核心竞争力在于所引发的聚集效应，在一些原先没有链家公司覆盖的城市，贝壳照样取得了很大进展，比如哈尔滨、吉林、郑州……这些城市都是链家的空白点，但是贝壳进驻后，依靠平台的服务能力，仍旧吸引了大量经纪机构加盟。

刘：　　了解了，贝壳是站在链家肩膀上的另一个巨人。您刚才介绍说贝壳平台对加盟经纪机构提供的全面、高效的职能性服务是贝壳的主要吸引力，能介绍一下贝壳提供的服务主要有哪些吗？

陈：　　贝壳平台为加盟经纪机构提供的服务可以概括为以下几方面：一是人力资源管理方面的支持。对于房地产经纪机构来说，最大的资源是有能力的经纪人员，平台可以为加盟机构招聘经纪人员，并组织培训、辅导、考核。平台要求加盟商每个门店有5名经纪人员，贝壳为经纪人员提供3天2夜共11门课的培训和考核。二是门店的统一装修，加盟商有些有自有品牌，有些没有品牌，无论有否，贝壳都对门店装修有统一要求，比如店铺面积要达到50平方米，门头长度要达到3米。装修服务由贝壳合作的供应商提供，贝壳对店面提供 1 万~3 万元的装修补偿。三是营销推广，贝壳有强大的营销推广能力，广告投入力度大，宣传攻势猛，而且实现了与地图 APP 的连接，这远远超出了众多小经纪机构的营销能力，信息推送力很强。

刘： 这个营销效果我有体验，当我在某地图 APP 上搜索某个地址后，下方会直接弹出附近的房源。我注册贝壳 APP 后，一旦关注某个区域的房源，系统也会自动推送相关信息。

陈： 贝壳营销功能确实强大，对于大量习惯于传统营销方式的小经纪机构来说，贝壳让他们插上了网络的翅膀。

刘： 贝壳平台还提供哪些服务呢？

陈： 贝壳平台还提供统一的经纪延伸服务，除了促进交易、协助签订交易合同外，如果客户还有解押、贷款、过户等其他的服务需求，贝壳平台可以提供统一服务。由平台的专业人员集中办理，效率高，成本低，而且管理规范完善，可以降低这些延伸服务中蕴藏的风险。此外，贝壳平台还提供统一的 400 电话服务，可以和房主联系、处理投诉、解答客户疑问等。

刘： 这类似于经纪公司将这些辅助工作外包给平台这个专业机构，高效而节省。

陈： 是的。

刘： 贝壳平台与国外的 MLS 类似，但是 MLS 有一个前提性要求是房源必须实行独家委托，即客户只能把房源委托给一家经纪机构挂盘，房源信息在 MLS 中挂盘后，MLS 中的所有经纪人都可以销售。贝壳平台有独家委托的要求吗？

陈： 在我国，客户习惯于委托多家经纪机构，实施开放委托，这是我国房地产经纪行业必须面对的现实，而且从当前法院的判例来看，即便签订了独家委托合同，一旦发生纠纷，法院都不支持经纪机构要求履行独家委托权益的诉求，这是中国的现实，贝壳不可能改变，所以并不要求客户实行独家委托。但是房源信息在贝壳平台内是唯一的,不会出现重复挂盘的情况。当然,现实中会出现委托人向多家加盟经纪机构委托的情况,但是平台实行首家录入制,只要有一家机构将该委托房源信息录入平台系统,其他机构就无法再行录入了。

刘： 在开放委托的情形下,贝壳联盟和其他经纪公司之间就构成了竞争,由于客户委托多家经纪机构,只有最先促成交易的机构才能获得佣金,这和 MLS 中独权委托下一定时期内形成垄断的竞争态势完全不同,也是 MLS 在中国难以推行的重要原因。在这种开发委托的前提下,贝壳如何确立自己的竞争优势？

陈： 在开放委托下,贝壳的核心竞争力仍然是非常突出的。首先得益于链家多年经营的房屋字典保证了房源数据可靠,而且每个小区、每一栋楼、每个门洞都有专人负责。根据大数据的统计结果,凡是成交量高的区域必然会设立门店,以及时获取客户信息并提供服务。其次,贝壳平台的优越性就体现在经纪人员多、推广手段多。只要房源信息一挂出来,按照大连平台 1000 家门店,每店 5 个经纪人员计算,就有 5000 个经纪人员开始为该房源寻找合适的客户。由于效率高,常常在其他经纪机构还没有找到客户之前,贝壳已经把房子卖出去了。

刘： 贝壳可以说是我国第一个大范围实现了跨企业合作的经纪平台,但是之前我也了解过很多经纪人对跨企业合作的看法,他们最大的疑虑就是经纪人之间如何实现业务合作和利益分享,因为即使在一些房地产经纪机构内部,这个问题也没有得到很好的解决,跨企业的岂不是更难、更没有保障吗？

陈： 这个问题请贝壳申总解释吧。

申： 贝壳平台的目的和初衷就是实现跨企业的合作,实现行业信息和资源的重构,因此平台一直倡导和鼓励合作。贝壳的鼓励不是停留在文化和理念层面,而是靠一套切实可行的制度保障的。贝壳的这套制度来自链家长期推行并日臻完善的 ACN（经纪人合作网络 Agent Cooperation

Network），即以房源流通联卖为核心的"房"的合作网络、以跨店成交比管理为核心的"客"的合作网络和以信用分管理为核心的"人"的合作网络。ACN可以盘活所有的资源，一旦信息壁垒打破，在合作网络下，商机线索倍数增长。为了保证大家积极参与合作，需要对参与者按劳分配论功行赏，如果把整个经纪服务流程分为客源端和房源端两大环节，根据当前的市场态势，客源端分得佣金的40%，房源端分得佣金的60%。客源端又被进一步细分为带看、陪看，房源端又进一步细分为录入、实勘、钥匙（保管）人、信息（关系）维护等环节，一旦交易成功，每个具体环节的实施者都能按照相应比例获得佣金分成。目前这套制度推行的效果不错，我们一单交易最多有13位经纪人员参与。

刘： MLS的主要收入来源是加盟经纪人交的会费，贝壳平台是如何收费的呢？

申： 贝壳不按照人头收费，而是按照佣金的10%抽取费用。

刘： 除了抽取佣金，贝壳平台还有其他收入来源吗？

申： 有的。目前贝壳为加盟经纪机构提供的多种服务都可以获得收益，比如HR服务，可以收取招聘费、培训费、考试费等，此外，如果客户通过贝壳办理贷款业务，平台还可以从银行获得商贷返点。平台办理延伸服务也按照每单业务收取费用，还有400电话按经纪人的数量收取。这是目前贝壳的主要收入来源。

刘： 在当今房地产经纪市场上，人们说"得房源者得天下"，记得链家网曾有一段时间在公共媒体上发布的房源信息比较详细，结果导致其他经纪机构通过查看链家的房源信息从而找到房主，直接介绍客户，出现大量跳单。现在贝壳平台面临同样的问题，会不会有些加盟商单纯以获得房源为目的，在系统中获取房源信息，但是私下介绍客户成交，破坏平台规则，损害平台利益呢？

申： 这种情况的确存在，为此平台专门成立了监察组织，对各种违反平台规定的行为进行筛查，一旦查有实据，即进行处置，会被逐出平台。

平台监控有一个优势，就是经纪人的行为是留痕的，哪些人来看过什么信息、看的次数、时间等都有记录，留有大量查看痕迹，却没有联系和交易痕迹的人员，显然是有一定问题的。平台曾派7个城市的品质线来大连联检，摘了7个加盟店的牌，这种处罚还是很有效的。

刘：　　谢谢二位介绍了这么多贝壳公司的情况，让我认识到贝壳作为一个平台企业，必将对我国的房地产经纪行业未来的发展产生深远影响。这种影响不仅是平台所产生的网络效应，也不仅是行业效率的提高，我认为平台将对整个行业进行一个重构，重构外界与经纪行业的关系、重构行业环境、重构经纪机构间的关系、重构经纪人和经纪机构之间的关系，这种重构增强了经纪业务的规范性，对行业形象和发展都将产生正效应。希望贝壳发展越来越好！

参 考 文 献

[1] 朱立彬. 天津房地产中介机构经营现状与发展对策研究 [D]. 天津大学. 2004. 6.
[2] 钱聪. 关于房地产多重上市服务系统（MLS）的应用研究 [D]. 华中师范大学. 2007. 5.
[3] 陈英存. 我国房地产经纪业管理模式研究 [D]. 同济大学. 2007. 5.
[4] 李侃. 中美房地产经纪运作模式的比较研究 [D]. 华东师范大学. 2009. 5.
[5] 彭俊. MLS 模式与规范房地产中介市场研究 [D]. 华中师范大学. 2011. 5.
[6] 王倩. 中国房地产中介业房源信息共享机制的效率影响分析 [D]. 东北财经大学. 2011. 11.
[7] 江小帆. 中国房地产经纪信息共享制度的形成路径研究 [D]. 大连理工大学, 2011. 12.
[8] 孔利. 房地产调控背景下我国 MLS 系统设计应用研究 [D]. 长安大学, 2011. 12.
[9] 顾剑锋. 中美房地产运营模式比较研究 [D]. 上海外国语大学. 2013. 12.
[10] 景小倩. 房地产中介何时踏入"e"时代？[N]. 国际商报. 2000 年 7 月 3 日. 第 7 版.
[11] 冯蕾. MLS 让房地产中介换个活法 [N]. 国际商报. 2000 年 8 月 1 日. 第 25 版.
[12] 牛金莉. 中国地产营销需要新模式 [N]. 中华工商时报. 2001 年 4 月 30 日. 第 7 版.
[13] 董世友. MLS：示范全球最有效的房地产经营理念 [N]. 中国信息报. 2001 年 6 月 4 日第 5 版.
[14] 周群华. 历史上的经纪人及行业组织 [J]. 天府新论. 1995（6）：79-85.
[15] 何芳，魏静. 境外房地产中介咨询业现状及在中国的发展 [J]. 房地产估价师. 2001（2）：16-17.
[16] 理查德·蒙得霍尔. 三大支柱撑起美国房地产 [J]. 科技智囊. 2001（7）：58-59.
[17] 陆克华. 美国房地产经纪人管理制度简介 [J]. 中国房地信息. 2001（12）：10.
[18] 高炽海，郝寿义. 中国房地产市场的制度创新——从信息经济学角度的考察 [J].

中国房地产．2002（6）：24-27．

[19] 曹丽玥．关于上海房地产经纪业实行战略联盟的探讨[J]．中国房地产估价师．2003（4）：72-74．

[20] 田华，姚玉蓉．关于我国房地产中介行业信息化的几点探讨[J]．内蒙古科技与经济．2004（2）：36-37．

[21] 莫天全．房地产经纪行业的信息化[J]．中国房地产估价师．2005（3）：59-60．

[22] 童光辉．美国地产经纪人的赚钱法宝[J]．经纪人．2005（8）：48-49．

[23] 廖俊平．MLS模式——中国如何借鉴[J]．中国房地产．2006（12）：71-73．

[24] 廖俊平，林青．美国房地产经纪MLS模式及其借鉴[J]．中国房地产估价与经纪．2008（5）：75-78．

[25] 叶宏伟，金中仁．基于MLS系统的房地产经纪行业信息发展思考[J]．企业经济．2008（11）：111-113．

[26] 夏文利．网络时代的房地产经纪业务策略[J]．企业家天地．2009（5）：17-18．

[27] 廖俊平．独权委托——避免房地产经纪纠纷的最佳委托代理模式[J]．中国房地产．2010（9）：12-13．

[28] 廖俊平．近距离观察美国房地产经纪人[J]．中国房地产．2011（2）：10-11．

[29] 江小帆，宋春红．房地产经纪业信息共享制度的形成路径研究[J]．工程管理学报．2011（4）：449-453．

[30] 陈林杰．基于MLS建立房地产经纪行业网络信息系统[J]．基建管理优化．2011（4）：15-19．

[31] 赵胜，黄昕．探索MLS系统及独家代理制度在我国的建立[J]．中国房地产．2011（5）：66-68．

[32] 程玉．完善，始于MLS营销模式[J]．城市开发．2012（6）：36．

[33] 李会联，宋春红．我国二手房市场信息共享系统构建研究[J]．工程管理学报．2013（2）：83-87．

[34] 巴曙松，杨现领．互联网将冲击房地产经纪[J]．中国房地产．2014（12）：30-33．

[35] 徐斌．浅谈美国房地产经纪制度[J]．中国房地产估价与经纪．2014（4）：70-72．

[36] 刘建利．我国新型房地产经纪信息共享模式与MLS差异分析[J]．中国房地产估价与经纪．2015（4）：14-17．

[37] 李顺．"经纪"词义演变探析[J]．唐山师范学院学报．2015（7）：27-30．

[38] 刘建利．我国房地产经纪信息共享模式与MLS对比分析[J]．现代管理科学．

2015（10）：118-120．

[39] 燕翔环，杨和礼．地产中介之美国模式 [J]．中国房地产．2016（9）：22-24．

[40] 徐斌，廖俊平．MLS 的核心运营机制与中国互联网经纪未来发展 [J]．中国房地产．2016（9）：26-30．

[41] 贾嫒嫒．大数据时代房地产市场信息化治理的法治路径 [J]．经济与社会发展．2017（4）：32-40．

[42] 虞达峰．互联网时代美国房地产经纪信息系统借鉴 [J]．中国房地产估价与经纪．2017（5）：47-52．

[43] 曾福林，丁梦茹．房地产经纪活动中 O2O 营销模式应用 [J]．经济研究导刊．2017（13）：49-52．

[44] 方磊，刘贞平．新形势下房地产经纪行业的困局与出路 [J]．中国房地产．2017（15）：72-80．

[45] 廖俊平．房地产经纪行业——回顾与期望 [J]．中国房地产．2017（28）：8．

[46] 廖俊平．房地产经纪行业的两种制度变迁 [J]．中国房地产．2018（19）：75-76．

[47] 马翠花．我国房地产经纪行业发展现状及建议 [J]．合作经济与科技．2018（2）：36-37．

[48] 深圳市房地产经纪行业协会．基于 MLS 的跨平台房地产数据模型对城市经纪业务格局的提升与革新 [C]．中国房地产估价师与房地产经纪人学会 2011 年年会论文集．358-363．

[49] 艾伟杰，张晓艳．房地产经纪基础（第二版）[M]．北京：中国建筑工业出版社．2013．

[50] 巴曙松，杨现领．房地产大转型的"互联网+"路径 [M]．厦门大学出版社．2015．

[51] 刘建利．房地产基本制度与政策 [M]．北京：新华出版社．2015．

[52] 中国房地产估价师与房地产经纪人学会．房地产经纪操作实务 [M]．北京：中国建筑工业出版社．2016．

[53] 中国房地产估价师与房地产经纪人学会．房地产经纪综合能力 [M]．北京：中国建筑工业出版社．2016．

[54] 陈威如，余卓轩．平台战略——正在席卷全球的商业模式革命 [M]．北京：中信出版集团股份有限公司．2017．

[55] 赵庆祥，刘建利．房地产经纪理论与实务 [M]．北京：中国建筑工业出版社．2019．